Découvrez l'histoire par les archives de presse

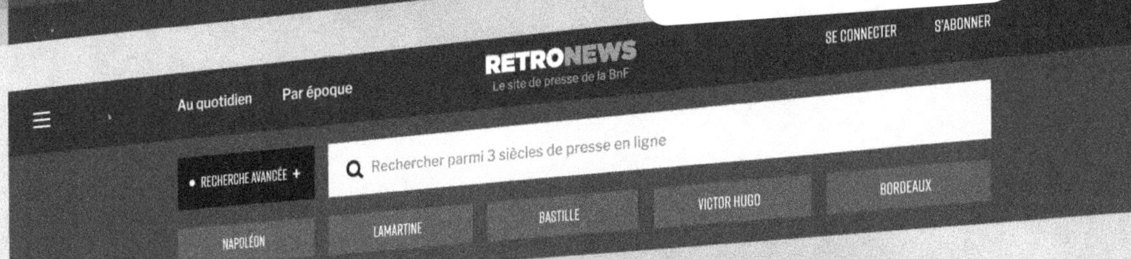

RETRONEWS

Le site de presse de la BnF

www.retronews.fr

L'ALMANACH

DE

L'ESCRIME

PAR

VIGEANT

ILLUSTRATIONS

DE

FRÉDÉRIC RÉGAMEY

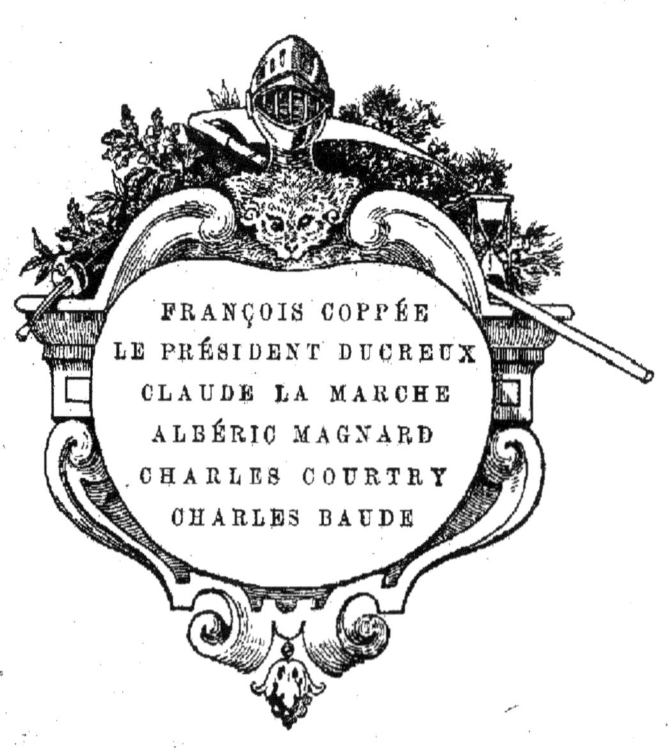

L'ALMANACH

DE

L'ESCRIME

I

L'ALMANACH

DE

L'ESCRIME

PAR

VIGEANT

MAITRE D'ARMES A PARIS

DESSINS DE FRÉD. RÉGAMEY

Eaux-fortes de CH. COURTRY

PARIS

MAISON QUANTIN

COMPAGNIE GÉNÉRALE D'IMPRESSION ET D'ÉDITION

7, rue Saint-Benoît

1889

Ballade en l'honneur de Mérami
excellent maître en fait d'armes

La rapière, arme de bretteur,
Traîne au flanc des "Maisons-monteuses",
Et le fleuret "leur protesteur"
Est fait des braguettes légères.
Mais le sabre lourd vainement
A l'épée a fait concurrence;
Et pour se battre galamment,
Il n'est de fin fleuret qu'en France.
. . . .
Envoi.
Maître, il reviendra l'Allemand.
O Victoire, ô chère espérance !...
Enseigne-nous ton art charmant,
Il n'est de fin fleuret qu'en France.

Juillet 1888.
François Coppée

BALLADE

EN L'HONNEUR DE VIGEANT

EXCELLENT MAÎTRE EN FAIT D'ARMES

La rapière, arme de butor,
Traîne au flanc des « Maiſons Mouſſues »
Et le futur herr Profeſſor
Eſt fier des balafres reçues.
Mais le ſabre lourd vainement
A l'épée a fait concurrence;
Et, pour ſe battre galamment,
Il n'est de fin fleuret qu'en France.

Les lames de Tolède encor
Ont leurs piqûres de ſangſues.
A Madrid, par le Matador,
Les grâces d'armes ſont bien ſues.
Mais c'eſt trop d'enjolivement,
De façon & de révérence.
On doit tuer plus ſimplement.
Il n'eſt de fin fleuret qu'en France.

Tu prends, ô Toſcan, beau ténor,
Des poſes tortes ou boſſues,
Par ton épée aux quillons d'or
Que de poitrines découſues !
Car la ruſe eſt ton élément.
Gare à la botte de Florence !...
N'importe ! Fais ton teſtament.
Il n'eſt de fin fleuret qu'en France.

ENVOI

Maître, il reviendra, l'Allemand.
O viĉtoire ! O chère eſpérance !...
Enſeigne-nous ton art charmant.
Il n'eſt de fin fleuret qu'en France.

FRANÇOIS COPPÉE.

Juillet 1888.

Préface

PRÉFACE

Il m'est rarement arrivé de passer dans la rue Saint-Georges sans y rencontrer quelque escrimeur.

A quoi l'attribuer ? Est-ce ce nom magique de Saint-George (pour nous sans l's final), dont la célébrité fascinatrice fait rêver tout ce qui tient un fleuret, qui nous attire ? Serait-ce le centre préféré des habitués de salles d'armes venant chercher le souffle, l'inspiration dans le quartier d'un saint George qui n'était même pas mulâtre ?

Je ne sais. Toujours est-il que je m'y suis croisé,

en dix ans, avec la plupart des noms de l'escrime, et
c'est encore là que je vis un beau matin, en me rendant à mes leçons, surgir tout à coup à mon côté une
vieille connaissance dont je serrai vigoureusement
la main.

C'était le docteur F..., le chirurgien bien connu,
qui est en même temps un fort escrimeur et un écrivain des plus distingués.

Après les compliments d'usage, il me lança à
brûle-pourpoint :

— Eh bien, mon cher maître, quand nous faites-
vous le plaisir de publier quelque chose ?

— Mais, docteur, je pourrais vous retourner la
question, car, comme auteur, vous êtes plus qu'un
collègue, vous qui avez signé du pseudonyme de
Claude La Marche un traité d'épée fort apprécié
du Tout-Paris. Qui donc a mieux fait que vous la
démonstration de cette vieille devise italienne :

Spada immobile, spada terribile ?

— *Ne continuez pas, car vous finiriez peut-être par me dire que mon fleuret ou ma plume fait du tort à mon bistouri.*

— *J'espère bien que non.*

— *Pour parler sérieusement, je voudrais vous demander si vous ne publierez pas bientôt la « Grammaire de l'Escrime » que vous avez annoncée.*

— *Docteur, je vous répondrai sans détour que je ne me suis pas borné à songer platoniquement à ma promesse. Mon siège là-dessus est à peu près fait, et depuis longtemps, je passe plus d'une soirée en tête-à-tête avec un manuscrit assez compact. Mais voulez-vous que je vous dise ce qui me préoccupe ?*

— *Je n'attends que cela.*

— *Eh bien, si ma Grammaire ne repose pas encore chez les étalagistes, c'est parce que je ne crois pas qu'il y ait place en ce moment pour un nouvel ouvrage — didactique surtout — concernant l'escrime.*

— *Et vos raisons, s'il vous plaît ?*

— *Mes raisons sont faciles à résumer : c'est qu'en fait d'escrime il n'y a plus rien de neuf à dire.*

— *Mais, mon ami, c'est cet argument-là qui est lui-même loin d'être neuf. Musset n'en a-t-il pas fait justice en disant, je crois :*

C'est imiter quelqu'un que de planter des choux ?

— *Je vous l'accorde, mais les commentaires, le glossaire, le catalogue d'une bibliothèque d'escrime, tout cela, selon moi, est maintenant à peu près complet.*

Mon homme réfléchissait et ne m'écoutait plus que distraitement. Je le savais habile à la riposte. J'attendis.

— *Je vous accorde, reprit-il bientôt, que l'escrime ne manque pas de fantaisistes, de critiques, de théoriciens, d'historiens, etc. Assurément il n'est* guère de sciences, ni d'arts, ni de branches quelconques de l'activité humaine, qui n'aient été traités à fond par une foule de commentateurs. Et cependant vous avez des revues, des journaux, des publications à périodicité différente qui en vivent toute l'année.

— Vous n'allez pas me conseiller de faire un journal d'escrime, je pense, cette rubrique existant partout.

— Non, il y a mieux que cela à faire : le journal annuel, mon ami, que les Arabes prononcent Almanach.

— Votre idée est séduisante, repris-je à mon tour, et vous venez de trouver ce que je cherche depuis longtemps : le titre, la forme à donner à la publication de souvenirs historiques recueillis par moi auprès d'anciens maîtres. Voulez-vous me permettre de profiter de votre heureuse trouvaille ?

— En usufruit et toute propriété, mon cher ami.

Et j'y ajouterai le conseil suivant : pour un ouvrage d'escrime, qui, comme le vôtre, aura besoin d'un illustrateur, non seulement marquant, mais compétent, assurez-vous la collaboration de Frédéric Régamey.

— Puisque vous êtes en veine de générosité, ne vous arrêtez pas en si bon chemin, devenez vous-même mon collaborateur.

— Très volontiers, vous pouvez compter sur moi au moins pour un douzième.

— Qui, je l'espère, ne sera pas provisoire.

. . . .

Et voilà comment fut conçue, en pleine rue, l'idée de l'Almanach de l'Escrime pour 1889.

Janvier

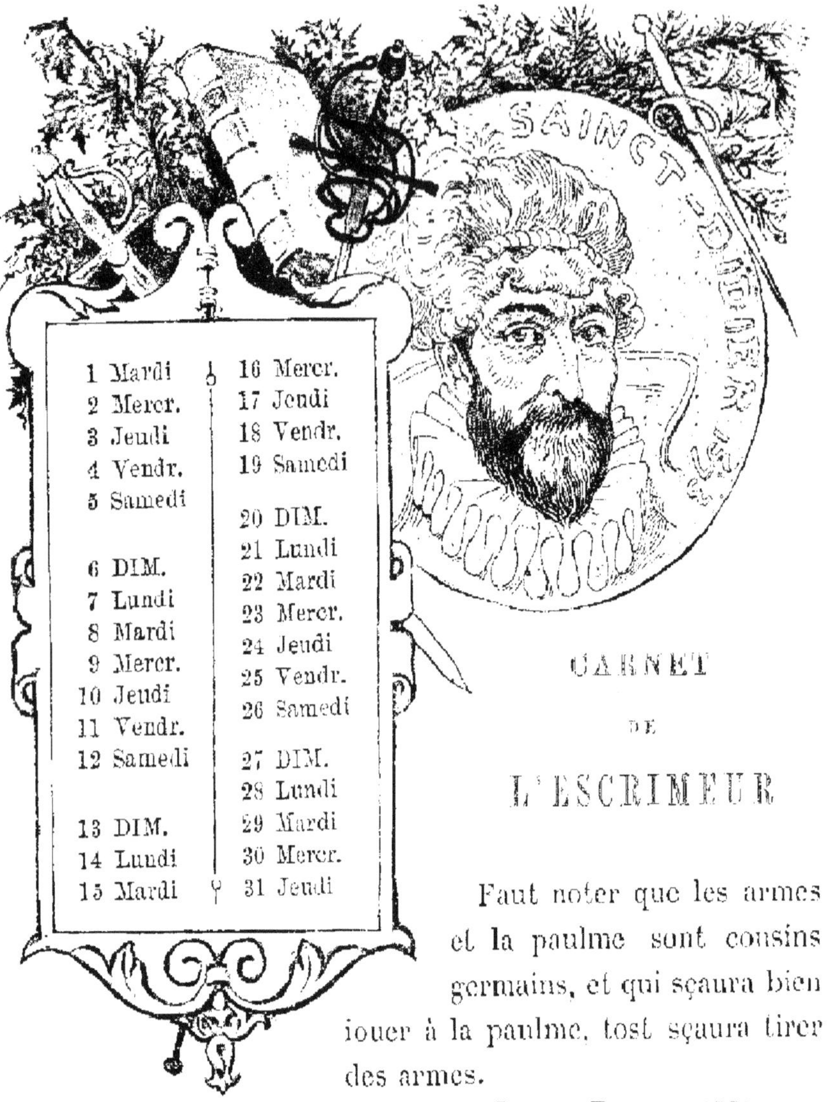

CARNET

DE

L'ESCRIMEUR

Faut noter que les armes et la paulme sont cousins germains, et qui sçaura bien iouer à la paulme, tost sçaura tirer des armes.

SAINCT-DIDIER. 1573.

Je sais bien que certains pédants ne manqueront pas d'argumenter contre mon œuvre en prétendant qu'un bon maître d'escrime doit imposer des armes lourdes à l'élève qui commence, de façon à ce qu'il trouve légères, plus tard, les vraies épées de combat.

BENVENUTO CELLINI,
Discours sur l'art du dessin.

Deux tireurs sont en présence et plaisantent au point de faire un jeu d'une exécution déplorable.

— Messieurs, leur dit le professeur, vous venez de faire un assaut d'esprit ; faites donc maintenant, je vous prie, un assaut d'armes.

V.

Le maître à un novice consultant qui se bat le lendemain :

— Vous êtes le quatrième à qui je montre ce coup, les trois autres ont été tués ; s'il ne me réussit pas avec vous, ce sera, je le jure bien, la dernière fois que je l'enseignerai.

A l'occasion de plusieurs duels que Gatechair, jeune militaire, eut dans l'armée :

Gatechair est mal nommé, car pas un dans l'armée.
Plus proprement que lui ne donne un coup d'épée.

De Vaulabelle. 1850.

4

RÉSURRECTION DE PONS

L'escrime a été très en faveur en Angleterre à diverses époques, à commencer par celle où vivait à Londres l'escrimeur italien Saviolo, qui fut le maître de Shakespeare, dit-on.

Mais c'est surtout durant la période des cinquante années comprises entre la Révolution française et

1840 que l'art de l'épée fut très en faveur chez nos voisins.

Cette prospérité tint à plusieurs causes : la première doit être attribuée aux séjours du chevalier de Saint-George et du chevalier d'Éon à Londres, un peu avant la Révolution.

La renommée, comme tireur, du célèbre mulâtre avait d'ailleurs passé le détroit depuis longtemps. Quant au chevalier d'Éon, les causes mystérieuses de son exil en Angleterre, la légende qui prétendait voir en ce personnage non pas un homme mais une femme, avaient concouru très vite à en faire l'objet de la curiosité générale. D'Éon, comme Saint-George, adorait l'escrime, et la rencontre de ces deux champions à Londres ne pouvait manquer de valoir à cet art une grande vogue.

D'autres circonstances, nées des événements politiques, donnèrent un nouveau regain à cette vogue.

L'émigration, en envoyant à Londres un grand nombre de gentilshommes français, y fit débarquer du même coup des escrimeurs de talent, dont les leçons et les assauts ne tardèrent pas à être goûtés par l'aristocratie anglaise.

C'est à Londres que s'établit Angelo, l'auteur du

superbe ouvrage : *l'École des armes;* et un maître
français très en renom sous le Consulat, Fabien, alla
plusieurs fois chercher en Angleterre la consécration
de ses succès.

Depuis lors, bon nombre de notabilités de l'escrime
française, telles que : Le Brun, Lozès aîné, Prevost,
E. Grisier, Gatechair et Pons aîné parurent succes-
sivement à Londres dans des assauts dont le souvenir vit peut-être encore dans la mémoire de quelques
vieux escrimeurs anglais.

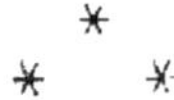

Pons aîné, quoiqu'il fût loin d'atteindre aux qualités d'exécution d'un Jean-Louis, d'un Lafaugère ou
d'un Bertrand, s'était acquis chez les Anglais une
véritable popularité par sa superbe prestance en
garde, par l'originalité de son caractère, par les
imprévus fantaisistes, aussi bien de lame que de langage, dont il émaillait ses assauts. Il incarnait pour
eux le type du virtuose de l'escrime.

Déjà il avait fait à Londres plusieurs voyages, lorsque, en 1840, cédant à de nouvelles instances, il se
décida à y retourner. Le lendemain de son arrivée, il

fournissait deux superbes assauts devant un public
nombreux, qui le combla d'enthousiastes félicita-
tions.

*
* *

L'escrime anglaise comptait alors parmi ses plus
fervents adeptes une personnalité dont le nom pro-
voquait une terreur particulière dans les salles d'armes. L'homme qui jouissait de ce privilège, à la fois
flatteur et désagréable, se nommait lord Geffrin. Il
était dans toute la force de l'âge, grand, taillé en
Hercule, appartenait à la haute noblesse anglaise et
possédait une grande fortune. Tireur passionné et de
tempérament, lord Geffrin, qui en tout et partout
était l'amabilité même, ne pouvait, le fleuret à la
main, se trouver en face d'une résistance sérieuse,
sans qu'il perdît bientôt la tête et sans être aveuglé
par des emportements qui le rendaient dangereux.

On n'en était plus à compter les accidents que son
jeu désordonné avait occasionnés; c'était une exception lorsqu'un de ses assauts se terminait par de
simples déchirures, sans atteindre la chair.

Aussi ne trouvait-il plus d'adversaires, et il souffrait

de cette sorte de mise à l'écart, tout en convenant
avec bonne grâce qu'il la méritait.

** * **

Lord Geffrin, après l'assaut de Pons, n'avait pas été
le dernier à venir le complimenter dans la pièce où le
maître achevait de se vêtir, et il le fit dans des termes
tels que Pons, qui connaissait la situation faite à son in-
terlocuteur dans les salles d'armes, eut l'idée de lever
pour son compte l'interdit qui le faisant tant souffrir.

— Milord, lui dit-il, il est une chose qui me serait
aussi agréable que vos éloges, ce serait, avant mon
très prochain retour en France, d'avoir l'honneur de
croiser mon fleuret avec le vôtre. Vous êtes, je le
sais, un rude tireur.

Lord Geffrin demeura quelques secondes sans ré-
pondre. La demande de Pons l'avait autant étonné
que rempli de joie. Il n'était donc pas pour tout le
monde un objet de terreur. D'ailleurs, il saurait bien
garder son sang-froid dans un pareil moment.

Le visage radieux, il serra la main de Pons en lui
disant :

— Merci, maître, merci, vous ne pouviez rien faire

qui me fût plus agréable ; si vous le voulez, demain, à la salle Gillemant, nous nous reverrons.

Puis lord Geffrin partait, laissant Pons au milieu d'amis et d'admirateurs qui avaient assisté à cette scène et paraissaient tous pris d'un sentiment de crainte. On entoura Pons, et ce fut à qui l'accablerait de reproches.

« Quelle idée de tirer avec lord Geffrin, un pareil brise-tout, à la main si malheureuse qu'il avait dû renoncer aux assauts... C'était impossible ! Il fallait que Pons trouvât un prétexte pour se retirer. »

Mais on eut beau dire : on ne put le faire revenir sur sa proposition, ni même obtenir de lui qu'il changeât pour cette fois son costume d'armes en coutil, contre une veste en peau. Le lendemain on se réunissait à la salle du professeur Gillemant qui, à cette époque, donnait des leçons à celui qui devait un jour régner sous le nom de Napoléon III.

Peut-être le prince Louis-Napoléon fut-il témoin de l'assaut authentique que l'on va lire.

Au moment où les fleurets s'engagèrent, l'assistance entière fut envahie par une appréhension pénible qui fit souhaiter à chacun de voir arriver vite la fin de cet assaut.

Comme s'il était résolu à combattre lord Geffrin par les moyens les plus opposés au tempérament de son adversaire, Pons, dont l'habitude était de chercher, aussitôt en garde, à ébranler ses adversaires par son impétuosité, montra un sang-froid inaltérable.

Le lord, de son côté, avait pris de fermes résolutions et comptait sur sa haute taille pour se tenir, avant tout, sur la défensive. Mais favorisé bientôt par les superbes jours que Pons lui offrait en l'agaçant par des demi-feintes, l'Anglais ne put résister à la tentation de risquer quelques attaques sur ces fausses préparations. Par cela même il tombait dans le piège qui lui était tendu et ses coups d'arrêt parés au vol furent suivis de quatre ou cinq ripostes qu'il reçut, en accompagnant la dernière d'un rugissement sourd.

La phase dangereuse commençait, personne n'osait applaudir.

Cependant Gillemant, qui présidait, risqua une diversion qui donnerait peut-être à lord Geffrin, dont les yeux fulguraient, le temps de se calmer.

— Pardon, milord, cria-t-il, votre fleuret est démoucheté, je crois?

— Nullement! pas du tout! scanda le lord, sans, pour ainsi dire, lâcher sa garde offensive.

— Alors ce doit être le vôtre? insinua Gillemant en se tournant vers Pons qui le rassura de la tête en souriant, et reprit sa mesure.

A peine a-t-il rejoint le fer, que son adversaire, les yeux dilatés, bondit sur lui, engage le corps à corps et, sans souci des ripostes en coupés qui le criblent après chaque parade de Pons, il cherche à le poignarder à bras raccourci.

Gillemant commence à trembler et crie brusquement :

— Bravo! à vos places, messieurs, faites la dernière.

Un demi-soupir de soulagement sortit de toutes les poitrines.

Pons voit maintenant le danger et cherche à son tour une suspension d'armes; il rajuste à diverses reprises le ressort de son masque, mais son adversaire attend avec une impatience fébrile.

Il faut en finir.

Pons se remet en ligne prudemment. L'Anglais, effrayant à voir, pâle, le regard fixe, est resté frémissant dans sa garde... Il s'élance.

Tout à coup un cri terrible retentit, poussé par cent voix. Pons vacille sur ses jambes, l'arme brisée de son adversaire l'a traversé de part en part, et ressort dans le dos.

Lord Geffrin a attaqué, tête baissée, en retirant son bras qui s'est aussitôt détendu comme un ressort en avant. Pons a vu le coup et a paré si rudement qu'il a cassé net le fleuret du lord à vingt centimètres de la pointe, mais cette parade tranchante n'a pas détourné le reste de la lame qui est arrivé comme une balle à sa poitrine.

Tout cela s'est passé instantanément.

On se précipite.

Lord Geffrin, subitement réveillé de sa furie, affolé de désespoir, se tord les mains en criant :

— Dieu! qu'ai-je fait?

Pons est resté debout. De sa main droite, d'où vient de s'échapper son fleuret, il écarte les personnes qui veulent le soutenir et tenter de retirer la lame de sa blessure. Chancelant, il se dirige à reculons vers une sorte de console, s'y appuie, et d'une voix brève :

— De l'encre !... Une plume !... vite !... Gillemant, écrivez !

Il y a une telle expression de volonté en lui, que personne n'ose résister. Une table est apportée, Gillemant s'assied et d'une main tremblante prend la plume.

— A ma fille, continue Pons soutenu par la console, l'arme toujours dans le corps.

Et au milieu d'un silence effrayant que troublent seuls les sanglots étouffés de lord Geffrin, il dicte :

« Ma fille, je vais mourir. C'est ma faute. J'aurais dû parer deux fois. Ma dernière pensée est pour toi, je te confie à Dieu et à mes amis. »

L'effort de Pons a été tel pour arriver jusque-là, qu'il ferme les yeux malgré lui.

Pourtant il dompte encore la douleur, il retire lui-même de sa poitrine la lame brisée qui tombe à terre avec un bruit sinistre, et s'affaisse inanimé entre les bras de ceux qui l'entourent.

Un seul assistant a déjà quitté la salle où vient de

se passer ce drame : c'est lord Geffrin. Repoussant les mains qui se tendaient vers lui pour le consoler, il s'est enfui, a bondi dans son coupé et court chez les plus habiles médecins de Londres, qui se rendent aussitôt à l'hôtel qu'habite Pons.

Puis lord Geffrin rentre chez lui et expédie à Paris une lettre de change de cinquante mille francs pour être immédiatement remise à Mlle Pons. De là, il repart, toujours affolé, prendre des nouvelles du blessé.

Pendant ce temps Pons avait été transporté à son hôtel où les médecins arrivèrent presque en même temps que lui. Ils l'examinèrent un instant et se consultèrent.

Leur avis fut unanime. Dans quelques heures au plus, il serait mort.

Pour la forme, ils prescrivirent un pansement et se retirèrent, laissant Pons évanoui à la garde d'un vieux prévôt français qui avait un culte pour lui et qui avait demandé à être son garde-malade.

La nuit se passa pleine d'angoisses. Toutes les heures, lord Geffrin faisait prendre des nouvelles.

Le lendemain au petit jour, les trois médecins de la veille se retrouvèrent au chevet du blessé.

Pons vivait encore.

— Sa constitution merveilleusement robuste le maintient, dit l'un d'eux; mais ce n'est plus qu'une affaire de temps.

— Peut-être ! reprit un autre.

Celui qui venait de parler était le plus jeune des trois. Depuis son entrée, il suivait avec attention la respiration courte et faible du blessé.

— Espérez-vous une guérison? demanda le plus âgé.

— Qui sait?

— En ce cas, nous vous laissons toute responsabilité, monsieur. A notre avis, toute tentative de remède ou d'opération ne peut qu'avancer l'heure de la mort. Nous nous retirons.

Après le départ de ses confrères, le troisième praticien, tout pensif, alla de nouveau près de Pons, se baissa, écouta longuement, puis il s'assit, résolu, près d'une table, et écrivit quelques lignes.

Cela fait, il se leva, alla au vieux prévôt qui gémissait dans un coin, et lui remettant le papier :

— Mon ami, dit-il, voici une ordonnance que vous pouvez faire préparer. Mais écoutez bien ce que je vais vous dire. Si le blessé la prend, il a une chance sur vingt d'en revenir et dix-neuf chances contre une de mourir du coup. Vous paraissez beaucoup aimer M. Pons. Voyez si votre dévouement vous conseille ou non d'appliquer ce que m'a dicté la conscience de mon devoir.

Le prévôt regardait anxieusement tantôt le médecin, tantôt l'ordonnance.

— Si M. Pons ne prend pas ça?

— Il sera mort avant midi.

— Et s'il le prend?

— Il a une chance, une seule, de vivre. — Adieu, mon ami, bon courage! Et il partit.

Lorsque le prévôt revint avec la terrible potion, il lui sembla que le blessé faisait un léger mouvement. Il courut près de lui et déboucha la petite fiole qui tremblait dans sa main. Mais il ne put que la placer sur un guéridon non loin du lit.

— Je n'oserai pas, murmura-t-il.

Tout à coup, dix heures sonnèrent.

— Avant deux heures tout sera fini!

Il saisit la fiole et résolument en place le goulot entre les lèvres du moribond.

Puis, pâle et ruisselant de sueur comme s'il venait de commettre un crime, il s'éloigne, les yeux fixés sur Pons. Celui-ci respirait toujours faiblement, mais avec assez de régularité.

Tout à coup ce dernier se redresse : le prévôt se précipite, le soutient ; un flot de sang et d'humeur jaillit de la gorge du blessé.

Cela dura quelques minutes. Après quoi, soulagé par l'effet du violent vomitif qui lui avait été administré et qui eût tué tout autre que lui, il se laissa retomber doucement sur l'oreiller.

Un mois après, Pons, en pleine convalescence, regagnait Paris, d'où il écrivit à lord Geffrin une lettre qui se terminait ainsi : « Quant à ma revanche, milord, excusez-moi si je ne la réclame jamais de Votre Grâce. »

*
* *

Cet assaut fut, je crois bien, le dernier célèbre en Angleterre. Une circonstance singulière, qui met bien en relief les scrupules d'orgueil de nos voisins,

amena, jusqu'à ces dernières années, la décadence
d'un art longtemps en honneur chez les Anglais.

On raconte que vers 1845 un grand seigneur de
Londres, amateur d'escrime, entendit un jour du
bruit dans la salle d'armes qu'il avait fait installer
chez lui au rez-de-chaussée de son hôtel. Il descend
et reste confondu en présence de deux de ses valets
qui, le croyant absent, avaient décroché des épées
de combat d'une panoplie, et ferraillaient avec force
retraites et sauts de côté pour vider une querelle
d'antichambre.

Le lord les chassa, mais ne voulut plus remettre
les pieds dans sa salle d'armes. L'aventure fut bientôt
connue, et dès lors la vogue de l'escrime à Londres
baissa. La gentry prit en dédain l'art que des laquais
avaient profané. N'est-ce pas là un trait typique du
caractère anglais?

V.

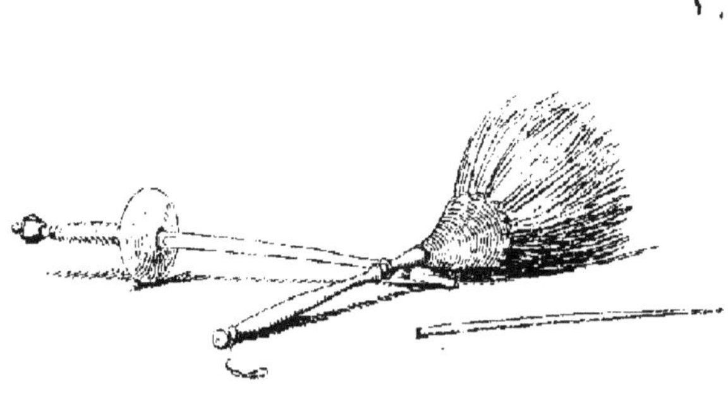

Février

1	Vendr.	15	Vendr.
2	Samedi	16	Samedi
3	DIM.	17	DIM.
4	Lundi	18	Lundi
5	Mardi	19	Mardi
6	Mercr.	20	Mercr.
7	Jeudi	21	Jeudi
8	Vendr.	22	Vendr.
9	Samedi	23	Samedi
10	DIM.	24	DIM.
11	Lundi	25	Lundi
12	Mardi	26	Mardi
13	Mercr.	27	Mercr.
14	Jeudi	28	Jeudi

Les bottes secrètes ne sont que le refuge des escoliers ignorants et paresseux, qui s'imaginent qu'ils apprendront, sans travail, des coups infaillibles, c'est-à-dire des choses miraculeuses.

DE LA TOUCHE. 1670.

En cet art aussi bien qu'en celuy de la guerre, on n'a pas le plus souvent la liberté de pécher deux fois, la moindre faute pouvant être mortelle.

DE LA TOUCHE. 1670.

Le moyen de plaire dans une salle d'armes, c'est d'écouter les autres parler d'eux.

H. DARESSY.

Dédié aux boursiers escrimeurs :

— Il est quelquefois bon de se couvrir par une prime.

Entre escrimeurs cotés.

— Je t'avoue, mon cher, que je ne tiens guère à la réputation....

— Des autres? ni moi non plus.

Cham réglait un jour avec les autres témoins les conditions d'un combat nécessité par une parole des plus futiles. Un des témoins voulait une rencontre sérieuse.

— Pardon, interrompit Cham, il est évident que ces messieurs vont se battre pour des propos tenus en l'air?

— Parfaitement.

— Alors il n'y a qu'un moyen : ces messieurs doivent également tirer en l'air.

Frédéric Régamey

UNE COMPENSATION

Le voyage que Grisier fit en Russie il y a une quarantaine d'années, voyage qu'Alexandre Dumas père a rendu célèbre, donna une certaine impulsion à l'escrime dans la capitale de Pierre le Grand.

Parmi les quelques salles d'armes qui prospérèrent à cette époque à Pétersbourg, on citait surtout celle d'un vieux maître danois, André Stéphanoff, dont le caractère et les leçons étaient fort appréciés de la noblesse.

De mœurs douces et calmes, Stéphanoff coulait des jours heureux entre son fils, jeune officier de l'armée russe, et ses élèves qui tous étaient des amis pour lui.

Le seul chagrin qu'il eût eu depuis son émigration en Russie, qui remontait à trente ans au moins, avait été une déception de collectionneur. Car papa Stéphanoff, comme le surnommaient familièrement ses élèves, avait la manie, peu coûteuse alors, des vieilles armes. Quelques cadeaux avaient été le noyau de sa petite collection, sa passion de fureteur fit le reste.

Or, un jour, papa Stéphanoff avait été victime d'un vol de la part d'un domestique qui s'enfuit en lui emportant quelque argent et plusieurs de ses armes. Grâce à la police, le vieux maître put retrouver ce qui lui avait été ravi, à l'exception pourtant d'une dague à laquelle il tenait plus qu'à ses yeux, car elle avait appartenu, affirmait-il, à Jean Sobieski.

Longtemps le vieux professeur fut inconsolable, et il eut bien de la peine à attendre les résultats des nouvelles recherches réclamées par plusieurs de ses élèves titrés.

*
*   *

Parmi ceux-ci, les comtes Batchoff, Daschkinoff et le baron de Kustiner, trois amis inséparables, tout en portant une estime et une vénération sincères à leur maître, s'amusaient parfois à inquiéter par un léger persiflage le plus innocent de ses travers.

Pénétré de l'honneur et de la dignité professionnelles, André Stéphanoff apportait dans ses allures, dans ses façons d'être, dans ses leçons, dans la direction de sa salle, une correction qui frisait la rigidité, aux yeux surtout des trois amis qui s'étaient souvent parisianisés. Une chose particulièrement le mettait hors de lui, c'était d'entendre parler d'escrime pour les femmes.

Lorsqu'il arrivait le matin au palais Batchoff, où les trois amis se réunissaient pour leur leçon, il n'était pas rare de voir l'un d'eux lui faire des plaisanteries dans le goût de celle-ci :

— Eh bien, mon cher maître, c'est donc vrai le bruit qui court?

— Quel bruit, monsieur?

— Hé! mais le bruit que vous venez d'être désigné pour un nouvel honneur.

— Quel honneur, de grâce, messieurs?

— Ne faites donc pas le discret; tout le monde sait que vous venez d'être nommé maître d'armes des dames de la Cour, et que, pas plus tard qu'hier, vous avez donné sa première leçon à la princesse Milioutine...

— Moi?... moi?... Et le vieux maître jurait ses grands dieux et protestait avec une telle énergie qu'il fallait désarmer.

Et c'était à recommencer le lendemain.

A l'occasion de la Saint-André, cette année-là, le trio d'amis résolut de faire à Stéphanoff une double surprise.

Deux jeunes artistes polonaises étaient venues donner à Pétersbourg deux ou trois séances d'armes et y avaient eu du succès.

A cette nouvelle, Stéphanoff ne put contenir son indignation.

— Comment, s'écria-t-il, peut-on autoriser de pareilles choses, et comment mes élèves peuvent-ils applaudir des femmes, des aventurières qui se jouent effrontément d'un art sérieux qu'elles ignorent, qu'elles doivent ignorer? C'est déconsidérer l'escrime que de la voir ainsi exhibée en jupon. Et pour rien au monde je n'assisterai à un spectacle que je juge contraire à la dignité de ma profession.

Malgré cette réprobation, le grand journal illustré de Pétersbourg allait publier une superbe gravure représentant les deux escrimeuses.

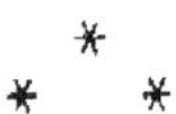

Donc, un matin, le maître faisait son entrée dans le fumoir du comte Batchoff, attenant à la salle d'armes, et, avant de commencer la leçon habituelle, on le priait de prendre du thé et une cigarette.

— Je ne fume jamais, messieurs, vous le savez bien.

— C'est vrai, reprit le comte Daschkinoff. Eh bien, parcourez les journaux, mon cher maître, nous vous demandons cinq minutes.

— Accordé! Je puis décacheter cette bande?

— Certainement.

Et Stéphanoff ouvrit le journal illustré en question, qu'il goûtait fort d'habitude.

La gravure d'escrime l'attira tout d'abord. Il préparait une diatribe violente, quand au bas du dessin ses yeux tombèrent sur cette mention :

Assaut d'armes donné par Mlles *X... dans la salle de M. André Stéphanoff, maître d'armes de la Cour.*

Le vieux professeur pâlit sous le coup d'une commotion indescriptible.

Tout en paraissant causer entre eux devant leur tasse de thé, les jeunes gens l'observaient du coin de l'œil.

Il faillit tomber à la renverse, on dut lui avancer un siège.

Les trois imprudents redoutèrent en ce moment d'être allés un peu loin.

— Remettez-vous, mon cher Stéphanoff, lui dit le baron de Kustiner en lui saisissant la main, c'est une plaisanterie que votre émotion nous fait regretter déjà.

— Comment! messieurs, vous avez joué avec mon honneur?

— Mais non, mon cher maître, nous avons fait ajouter cette mention de votre salle sur un seul numéro. Voyez, du reste, ces autres exemplaires.

Stéphanoff examina fébrilement d'autres numéros de même date dont on s'était muni par mesure de précaution, et, en effet, il n'y trouva pas les deux lignes qui le visaient. La respiration lui revint un peu.

**
* **

— Mais regardez plutôt sous ces journaux, fit le comte Batchoff. En l'honneur de votre fête, il y a une surprise pour vous.

Stéphanoff qui, en effet, sentait sous ses doigts encore agités comme un corps dur, souleva un paquet de journaux, et une larme de joie vint à sa paupière en reconnaissant la fameuse dague de Sobieski que la police avait fini par retrouver chez un marchand.

— Messieurs, dit le maître en serrant affectueusement les mains de ses élèves, certes, pendant trois secondes vous m'avez fait souffrir, mais la compensation est encore au-dessus de ma reconnaissance.

Inutile de dire qu'on ne fit pas beaucoup d'escrime ce matin-là au palais Batchoff.

Mars

J'asseureray que celui qui est instruit dans les armes, ayant du cœur, réussira contre cent mal adroits; j'entends l'un après l'autre, *nullus Hercules contra duos.*

DE LIANCOUR. 1686.

C'est une chose si difficile à prendre que les *temps*, l'épée à la main, que je ne conseille à personne de s'y trop hasarder.

DE LIANCOUR. 1686.

On parle dans une salle d'armes de M. X... qui a une vie très tourmentée. On discute sa force aux armes.

— En tout cas, fait l'un de ses amis, il a donné dans son existence bien des coups d'épée... dans l'eau.

V.

On sait que Choquart fut, sinon un des plus redoutés, du moins un des duellistes les plus connus sous Louis-Philippe.

Un soir, qu'il savourait sa demi-tasse au café de la Bourse, deux élégants vinrent s'attabler non loin de lui et causèrent de leurs nombreux duels, de leurs exploits réciproques... Choquart qui d'abord les écoutait distraitement, en arriva bientôt à être exaspéré par leurs récits terrifiants. Se tournant alors du côté des deux prétendus spadassins :

— Messieurs, leur dit-il, en voilà onze que vous tuez ; si vous tuez le douzième, je vous f.... par la fenêtre.

Un livre sur le duel pourrait contenir, comme appendice, le projet d'un boulevardier prudent et sagace qui, par opposition aux salles d'escrime dont Paris se hérisse, veut ouvrir une salle d'excuses, dans laquelle on enseignera les soixante manières de se rétracter et où les prévôts apprendront à leurs élèves comment on livre les assauts de politesse.

Aurélien Scholl.

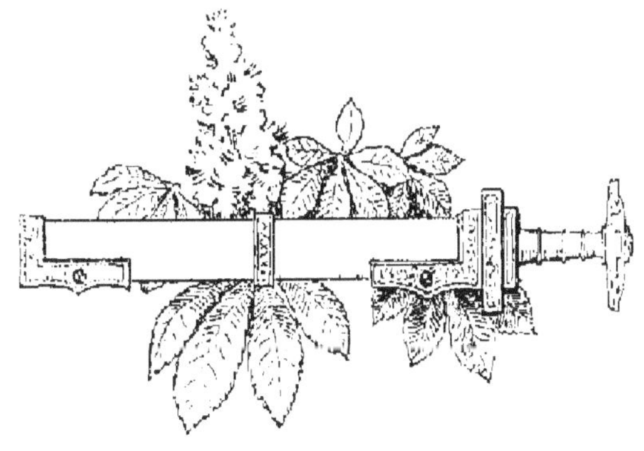

AU PÈRE AUX AUTRES[1]!

O toi, qui pendant dix-huit années nous as marqué
le pas, des forêts de la Suède aux pyramides d'Égypte,

1. Ex-maître d'armes de la Vieille Garde sous le premier
Empire, Fougère, qu'il ne faut pas confondre avec le fameux
Lafaugère, troqua, paraît-il, dans la vie civile, son fleuret
pour la plume et poussa, fort joliment ma foi, quelques
pointes ultra-fantaisistes et quasi littéraires dans le domaine
de l'escrime et du duel.

Un petit livre, aujourd'hui bien rare, qu'il publia vers

et du camp de Boulogne aux remparts de Moscou,
ombre sublime d'un héros tant de fois victorieux,
sous les ordres duquel nous dégainions si lestement

1828, *l'Art en dix leçons de ne jamais être tué en duel*, sorte
de code de civilité, eut un certain succès.

La préface de ce petit traité de la douceur et de la
courtoisie, dédié à la mémoire de Napoléon Ier, laisse déjà
entrevoir une originalité de préceptes, en matière de duel,
bien inattendue chez un vieux grognard.

Pour ne citer qu'un passage de ce curieux petit livre
d'une moralité toute spéciale, voici ce qu'il dit du « soufflet », avec la manière de ne pas s'en servir :

« C'est dans l'ardeur du jeu et du vin, c'est dans la jalousie
excitée par une Laïs quelconque, qu'ont pris souvent nais-
sance de déplorables querelles et qu'un soufflet a été incon-
sidérément donné; un soufflet! insulte *bizarre* qu'un fatal
préjugé fait regarder, *chez nous*, comme la plus cruelle, et
qui, suivant notre point d'honneur, ne saurait être lavée
que dans le sang.

« Évitez, évitez, au nom de Dieu, d'en venir jamais à une
pareille extrémité, et pour cela ne faites jamais d'excès d'au-
cune sorte, *du moins en public.*

« Si le pouvoir que vous avez sur vous-mêmes ne va pas
jusque-là, sachez au moins rester assez maîtres de votre tête
pour ne pas perdre tout à fait la raison; habituez-vous,
dans le sang-froid comme dans l'ivresse, à vous bien per-
suader de l'importance convenue d'un soufflet et de ses
suites immanquables. »

le briquet et nous déchirions si franchement la cartouche, daigne agréer l'hommage d'un de tes plus vieux grognards qui eut l'honneur d'être dans trois occasions apostrophé par toi !

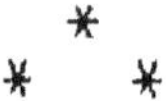

Après le licenciement, j'aurais pu comme tant d'autres tendre la main ou endosser la livrée ; mais ma main refusait de s'ouvrir pour toute autre chose que pour laisser tomber la cartouche dans le canon du fusil ; mon corps n'aurait pu s'accoutumer à d'autre livrée qu'à celle de la patrie.

D'ailleurs, te le dirai-je ? ces gens que tu as tirés de la boue pour en faire de grands hommes, sont devenus bien petits depuis ta mort. Ils se rengorgeaient sous tes yeux, ils marchent à plat ventre depuis que tu n'es plus. Je fus jadis leur compagnon, ils me traiteraient aujourd'hui comme leur esclave. Non, non ! je ne les invoquerai pas !

Je n'ai pas repris les armes non plus. Ma vieille

9

mère, la bonne laitière Marguerite, m'avait laissé
quelques sacs de gros sous; j'en ai acheté un lopin
de terre voisin du bois de Boulogne, j'y ai construit
une chaumière, j'y cultive des légumes, et, à l'extrémité de mon petit domaine, j'ai élevé un rustique
tombeau sur lequel reposent ma croix d'honneur et
mes galons de caporal. Cet autel t'est consacré. Un
laurier le couvre, et tous les matins j'y effeuille des
immortelles.

Ce n'est pas encore tout. Apprends, *le Père aux
autres,* que je me suis marié. J'ai épousé une honnête
fille de Pantin, qui me recueillit chez elle après la
prise cruelle des Buttes-Chaumont. Elle avait pansé
mes blessures; elle m'avait soustrait aux lances des
Cosaques; je lui ai donné en récompense ma main
cicatrisée, et je ne m'en repens pas.

Neuf mois s'étaient à peine écoulés depuis notre
mariage qu'elle me rendait père d'un gros garçon,

qui est aujourd'hui, ma foi, un fort joli jeune homme déchiffrant couramment les *Victoires et Conquêtes*, cultivant le jardin avec moi, me suivant à la ville chaque jour de la semaine, et le dimanche faisant tourner la tête à toutes les jeunes filles de Chaillot, d'Auteuil, de Nanterre et d'autres lieux circonvoisins. Là s'arrête toute ma progéniture; elle ne s'accroîtra pas. S'ils étaient deux, ils se disputeraient peut-être mon coin de terre. Un seul ne mourra pas de faim et n'aura à se disputer avec personne.

Heureux au sein de ma petite famille, j'ai dit adieu aux armes pour toujours; je suis devenu même aussi pacifique que j'étais autrefois tapageur; toi-même, *le Père aux autres,* tu ne reconnaîtrais pas ton grognard s'il te prenait fantaisie de descendre au bois de Boulogne.

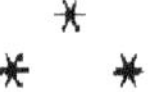

Et sais-tu ce qui a produit en moi ce changement? C'est l'influence du lieu. J'y ai vu tant de gens arriver avec des pistolets longs comme des coulevrines et des épées pareilles à des broches, qui, après quel-

ques mots de la part d'un *second* officieux, finissaient
par tomber sur la fine poularde du père Gillet [1]; j'en
ai vu tant d'autres, pauvres jeunes gens sans expérience, qui, voulant soutenir l'honneur d'une mère
ou d'une sœur, terminaient une existence, dont elles
avaient encore besoin, sous l'épée sanglante d'un
spadassin; que, ne reconnaissant plus qu'une cruauté
dans ces duels que j'avais jusqu'alors regardés comme
le seul intermédiaire entre l'offenseur et l'offensé, j'ai
juré sur ta tombe de les empêcher toutes les fois que
j'en trouverais l'occasion.

J'ai fait plus : dans mes moments de loisir j'ai
composé le livre que je te dédie, livre dicté d'un bout
à l'autre par l'expérience, et écrit par la bonne foi.
Puisse-t-il remplir le double but que j'ai en vue en le
publiant : mettre un terme à trop de comédies et faire
cesser de trop grands malheurs! Heureux d'avoir

1. Restaurateur du bois de Boulogne, très en vogue à cette
époque et très fréquenté par les duellistes. C'était là que les
amis en quête de déjeuner allaient, en temps opportun,
prendre des nouvelles des combattants.

rendu ce service à ma patrie, dût le père Gillet en crever de dépit et son fourneau s'éteindre faute de pratiques, je me dirai, du moins : « Depuis que j'ai déposé les armes, je n'ai pas été tout à fait inutile ; *le Père aux autres* me voit et m'estime, et je ne mourrai pas tout entier ! »

FOUGÈRE,

Ex-maître d'armes de la Vieille Garde.

Avril

1	Lundi	16	Mardi
2	Mardi	17	Mercr.
3	Mercr.	18	Jeudi
4	Jeudi	19	Vendr.
5	Vendr.	20	Samedi
6	Samedi		
		21	DIM.
7	DIM.	22	Lundi
8	Lundi	23	Mardi
9	Mardi	24	Mercr.
10	Mercr.	25	Jeudi
11	Jeudi	26	Vendr.
12	Vendr.	27	Samedi
13	Samedi		
		28	DIM.
14	DIM.	29	Lundi
15	Lundi	30	Mardi

Une escrime sans méthode peut plus souvent nuire que servir.

DANET.

Cinq minutes d'examen d'un homme l'épée à la main vous le feront mieux connaître que deux heures d'entretien.

C. PONS.

Le tireur, l'écrivain, ont chacun leur emblème.
A son jeu, dans son style, on voit l'homme lui-même.

PICTET DE ROCHEMONT.

La connaissance des armes inspire la confiance qui est la mère du courage.

DANET.

Il est question, pour les duels, d'établir de petites gardes mobiles que l'on pourra fixer par un cran le long de la lame. Les témoins, selon l'offense, jugeront de la distance à laquelle elles devront se trouver éloignées de la pointe. L'honneur ne sera satisfait que lorsque le fer entrera jusqu'au cran fixé. Inutile de dire que la position ordinaire de la garde sera la dernière limite qui puisse donner satisfaction.

Émile Gautier.

Le maître d'armes comme le médecin n'est souvent mandé que « *in articulo mortis* ».

Paul Vermond.

L'honneur ne consiste pas dans l'opinion des gens sur notre compte, mais seulement dans les manifestations de cette opinion.

Schopenhauer.

Après un mauvais assaut, on se plaint quelquefois de son bras, souvent de ses jambes, jamais de sa tête.

V.

UN DUEL MILITAIRE

En 1864, il ne se passait guère de semaine, dans la
garnison de Metz, sans qu'il y eût un ou deux duels.

J'étais alors jeune artilleur, et mes relations avec
les maîtres d'armes des régiments, jointes au désir
que j'avais d'étudier l'escrime sous ses divers côtés,
me permettaient d'assister assez souvent aux ren-
contres qui se vidaient sur le sable de nos manèges.

Dans les duels militaires, le maître d'armes est, en grande partie, responsable des résultats. Les précautions qu'il y apporte, son autorité, sa prudence, son coup d'œil, son intervention, jouent un rôle d'autant plus prépondérant, que celui des témoins est d'être simples spectateurs.

Quand il y avait, chose rare d'ailleurs, soit mort d'homme, soit un membre de moins, le colonel, prévoyant un blâme du ministre de la guerre, s'en prenait au maître d'armes, lequel, durant trois mois, doublait les recommandations, et augmentait les distances entre les combattants. Et cela n'empêchait pas toujours les blessures d'être sérieuses.

J'ai encore présentes à la mémoire les étranges péripéties d'un duel qui eut lieu à cette époque, dans le manège des hussards.

Deux superbes Basques du même canton, et incorporés ensemble à ce régiment, y avaient apporté, par suite d'une vieille querelle de famille, un sentiment d'aversion réciproque qu'ils dissimulèrent longtemps, jusqu'au jour où, s'étant rencontrés dans une guinguette, ils se jetèrent avec acharnement l'un sur l'autre. Des camarades présents les séparèrent et tentèrent vainement de les réconcilier.

Le lendemain, tous deux demandaient l'autorisation de se battre.

*
* *

Le caractère résolu de ces deux hommes, leur vigueur, leur assiduité constatée à la salle d'armes, tout faisait craindre un mauvais duel qu'on eût bien voulu empêcher.

Mais coups et insultes avaient été publics, et, plus que de coutume, on se préoccupait dans la garnison de cette affaire qui promettait d'être grave.

A ce souci s'ajoutait, pour le colonel, celui d'avoir comme maître d'armes un nouveau venu n'ayant pas encore fait ses preuves au régiment.

Aussi, dix fois, le colonel le fit-il appeler pour lui redire :

— Surtout, soyez prudent ; calmez-les quand ils seront pour en venir aux mains ; dites-leur quelques mots de la famille, combien c'est triste de mourir jeune, quels remords pour eux s'ils venaient à tuer ou à estropier leur semblable, enfin veillez, veillez : c'est un duel sérieux que vous aurez là, ne vous y trompez pas, je connais les gaillards.

*
* *

Payen, c'était le nom du nouveau maître d'armes, homme de quarante ans, à figure froide, œil expressif, parlant peu, ne riant guère, avait été prévôt de Jean-Louis ; et ce n'était certes pas un fruit sec de cette école [1].

Depuis son arrivée à Metz, qui remontait à un mois environ, j'avais su adroitement m'attirer les bonnes grâces de Payen. Quoique je ne fusse qu'un modeste tringlot (prononcez artilleur), il m'avait accueilli assez volontiers dans sa salle et gratifié quelquefois d'une bonne leçon. Malgré cela, ce ne fut pas sans difficulté qu'il m'accorda d'assister au duel

---

1. Quelle que fût l'arme, les régiments dépourvus de maîtres d'escrime s'adressaient généralement à Jean-Louis qui, de Montpellier, leur envoyait un de ses élèves ou guidait leur choix.

des deux Basques qui étaient, disait-on, d'une certaine force au sabre.

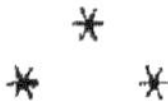

Le matin du jour désigné, j'accourus à six heures à la salle d'armes des hussards. Payen s'y promenait seul de long en large, d'un air absorbé.

— Ah ! te voilà, petit, me dit-il en m'apercevant, tu y tiens donc ? Au fait, tu prendras une leçon de duel qui te servira quelque jour quand tu seras maître d'armes.

Allons, partons !

Je lui emboîtai le pas.

En traversant la cour du quartier, nous vîmes le médecin-major se diriger vers le manège. Payen alla à lui. Ils échangèrent quelques mots, après quoi le docteur s'en retourna du côté de l'infirmerie pendant que Payen me rejoignait.

— Ne va-t-il pas venir ? hasardai-je.

— Si, si, répondit Payen, le colonel tient à ce qu'il soit présent ; mais rien ne presse, je le ferai prévenir, dès que ça devra commencer.

Nous arrivâmes au manège. Les deux Basques, avec leurs témoins, s'y trouvaient déjà.

II

*
* *

Janvier commençait, il faisait un froid sec et piquant, désagréable pour une rencontre dont la première condition était de se mettre le torse et les bras nus.

A l'entrée de Payen, les six hommes saluèrent militairement, il rendit le salut et, d'un geste brusque, fit signe aux deux Basques de se préparer.

Pendant ce temps, les témoins sortaient les sabres d'un étui de vieux drap, qui leur servit à essuyer soigneusement les lames, et ils se disposaient à les remettre aux combattants que Payen venait de placer, lorsque ce dernier s'écria :

— Un instant ! montrez-les-moi d'abord.

On obéit. Il les prit, les examina; puis haussant les épaules :

— Qu'est-ce que ça signifie? Des sabres de combat, et il n'y a que le biseau de la pointe qui coupe ! Pourquoi pas des sabres en bois, tout de suite?

Les témoins restèrent interdits.

— Portez ces sabres chez l'armurier, reprit durement Payen, qu'il les repasse jusqu'au milieu de la lame.

On remit les sabres dans leur étui, l'un des témoins les prit et sortit avec l'allure d'un homme qui
rêve tout éveillé.

*
* *

De leur place, les deux Basques n'avaient pas
perdu un mot, un détail de cette scène, et commen-
çaient à grelotter.

Se tournant alors de leur côté, Payen leur fit signe
d'approcher.

— Vous avez sans doute, leur dit-il, entendu
raconter que le maître d'armes venait ici pour parer
les mauvais coups, je veux dire, les coups dangereux,
enfin ceux qui pourraient être mortels... Moi, ce
n'est pas du tout ma façon de faire ; je suis là pour
voir si tout se passera sans surprise et sans peur, si
chacun fera son devoir. Après ça, tuez-vous si vous
pouvez, c'est votre affaire.

Les deux Basques ouvraient démesurément leurs
grands yeux noirs, pendant que les témoins et moi
nous regardions hébétés.

Payen poursuivit sur le même ton :

— Et de fait, il ne s'agit pas ici d'un duel pour

rire, vous vous êtes réciproquement insultés, frappés, il faut du sang pour laver ça, surtout pas de faiblesse... Baste! on ne meurt jamais qu'une fois.

Et, d'un air tranquille, Payen se mit à arpenter le manège et à en examiner curieusement la charpente compliquée.

Les témoins se regardaient entre eux et regardaient du côté de l'entrée, comme des hommes qui attendent du secours.

*
* *

Bientôt la porte du manège se rouvrit; j'avais certes grande envie d'en profiter pour filer. Payen vit mon air effaré et me cloua par cette apostrophe à voix haute :

— Est-ce que la vue du sang t'effrayerait, petit? Attends au moins qu'il coule.

On rapportait les sabres affilés cette fois jusqu'au milieu de la lame.

— Allons, donnez les armes! commanda-t-il après y avoir jeté un rapide coup d'œil.

Les témoins obéirent machinalement.

Le silence était devenu sinistre.

Les deux hommes, en face l'un de l'autre, attendaient l'ordre.

La voix de Payen retentit de nouveau :

— Allez, maintenant !

Avec une lenteur qu'expliquait l'engourdissement que le froid avait dû donner aux torses nus, les deux lames se joignirent par la pointe, sans serrer beaucoup la mesure ; il y eut comme des hésitations et des tâtonnements pendant deux ou trois minutes. Mais bientôt le combat changea d'aspect, les sabres s'engagèrent, s'entrechoquèrent au milieu de mouvements agressifs et saccadés ; les articulations des deux Basques avaient pris leur élasticité, et la haine le dessus. Leurs yeux jetaient des éclairs.

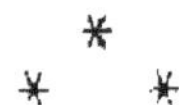

L'un me parut pourtant vouloir bientôt en venir à une tactique de guetteur. Dans son allure, aussi bien que dans sa physionomie, je pus suivre tous les calculs de sa préparation à un coup décisif.

Tout à coup, il rompt, mais en homme qui veut faire tirer dans le vide et se prépare à saisir l'instant d'une marche imprudente de l'adversaire pour se

jeter sur lui et le frapper au pied levé. J'eus le
frisson en le voyant simuler une retraite et s'écraser,
prêt à fournir une foudroyante attaque; l'autre ne
voit rien, il va marcher; je ferme les yeux.

Au même moment, retentit violemment cet ordre
de Payen :

— Halte ! halte !

Et, s'avançant d'un air furibond sur les Basques
qui, stupéfaits, abaissaient les armes, il interpelle avec
colère celui qui avait rompu pour tendre le piège.

— Comment! tu romps, tu fuis, aurais-tu peur?

— Moi, fit l'autre abasourdi, moi, fuir? Mais, au
contraire, je comptais sur ma retraite pour...

— Bien, bien, parfait, reprit Payen; je me serai
trompé. C'est possible après tout, continuez!

Le moment choisi par Payen pour arrêter le
combat à l'instant précis où un coup dangereux
allait être porté me donnait à réfléchir.

Les deux adversaires, un instant désarçonnés par
ce brusque incident, reprirent les positions, se rap-
prochèrent peu à peu.

Ils s'échauffent, et bientôt de leurs sabres jaillirent de nouveau de fortes lueurs au milieu de chocs stridents et répétés. La lutte redevenait effrayante, un rugissement rauque sortait parfois des deux poitrines haletantes.

Tout à coup, une attaque au flanc est portée avec cette retenue qui caractérise parfois une arrière-pensée de *remise*. L'autre l'a devinée et en même temps qu'il pare, sans riposter, l'attaque de l'adversaire, d'un bond il est sur lui, les deux gardes se heurtent, les deux poitrines sont à cinquante centimètres l'une de l'autre; c'est le corps à corps.

Je regarde Payen qui tout pâle se jette en avant, au risque d'être massacré, et crie :

— Halte ! à vos places !

Les deux Basques s'arrêtent en frémissant et le regardent ahuris; les témoins ont des têtes de gens ivres. Quant à moi, j'ai enfin compris le jeu du maître, mais je me demande avec une anxieuse émotion comment il va se tirer de celle-là.

— Êtes-vous fous ? leur crie-t-il en les forçant à reprendre leur distance. Ce n'est pas deux cadavres qu'il me faut, morbleu ! Je n'en veux qu'un seul... continuez...

*
* *

Le combat reprit, mais il était facile de voir que les deux champions n'y allaient plus maintenant avec le même acharnement.

Le froid, les préparatifs, les paroles lugubres du maître d'armes, les arrêts, tout cela avait enfin fini par causer sur eux une impression dont moi-même, témoin désintéressé, je ne pouvais me défendre.

Nous touchions au dénouement.

Tous deux veillaient avec soin à la mesure, les engagements mollissaient et les coups qui s'échangeaient d'assez loin, devaient forcément aboutir au traditionnel *coup de manchette.*

En effet, sur une feinte à la figure de l'un, l'autre, tout en esquivant par une retraite, enveloppe d'un coup de sabre en dessous l'avant-bras de son adversaire et y fait une longue estafilade d'où le sang se met à couler.

La main du blessé laissa échapper son arme, l'autre abaissa la sienne. Payen s'avança, prit le bras touché et examina la blessure.

Puis d'un ton dédaigneux :

— Bah! une simple coupure, ce n'est rien, repre-
nez !

** * **

Le blessé parut appeler à lui toutes ses forces
pour remettre son arme en main, pendant que l'adversaire, inquiet, hésitant et sous le coup d'une
sensation pénible, se remettait en garde avec effort.

Derrière ce parti pris de cruauté apparente, je
devinais clairement l'intention de Payen. Il voulait
évidemment un combat sans blessure grave, mais
aussi la réconciliation des deux ennemis.

L'attitude des deux Basques ne tarda pas à con-
firmer ces prévisions.

Le blessé n'agissait plus que par un miracle de
volonté, l'autre gardait une simple défensive, tout en
essayant de détourner parfois le regard de ce sang
que chaque mouvement du blessé faisait jaillir jusqu'à lui. Cela dura une demi-minute peut-être.

— Arrêtez ! cria Payen, qui s'avança encore et
parut examiner la blessure avec une vive inquiétude,
cette fois.

— Diable, fit-il, d'une voix émue, je me suis
trompé tout à l'heure ; mon pauvre garçon, tu es

gravement blessé, le muscle qui correspond au cœur est attaqué ; ma foi ! je ne réponds de rien.

Et, d'un geste, il compléta sa pensée.

Les Basques et leurs témoins frémirent, seul je gardai tout mon sang-froid ; j'en fis parade en servant d'aide pour entourer d'un mouchoir le bras du blessé, qui était très pâle, et en recouvrant de leur manteau les combattants qui se regardaient maintenant avec un effroi mêlé d'attendrissement.

Payen surveillait cela du coin de l'œil.

— Tenez-vous prêts à le soutenir, vous autres, fit-il aux témoins, les forces peuvent lui manquer tout à l'heure. Allons, mon garçon, du courage ! Tu auras le temps, j'espère, de te réconcilier avec ton camarade, et qui sait ? tu en réchapperas peut-être...

Sur un faible signe du blessé le vainqueur, aussi pâle que lui, s'approcha et se jeta à son cou.

On les conduisit, l'un soutenant l'autre, à l'infirmerie, où deux verres de cordiaux généreux et un solide emplâtre eurent promptement raison de leur émotion et de la blessure.

Huit jours après, nos deux gaillards fêtaient avec les camarades leur réconciliation et s'avouaient, mais confidentiellement, entre deux rasades, que, si un malheur fût arrivé dans ce duel, la faute en eût été bien certainement au maître d'armes.

— Encore heureusement, ajouta le vainqueur, qu'il n'entend rien aux blessures.

V.

Mai

1	Mercr.	16	Jeudi
2	Jeudi	17	Vendr.
3	Vendr.	18	Samedi
4	Samedi		
		19	DIM.
5	DIM.	20	Lundi
6	Lundi	21	Mardi
7	Mardi	22	Mercr.
8	Mercr.	23	Jeudi
9	Jeudi	24	Vendr.
10	Vendr.	25	Samedi
11	Samedi		
		26	DIM.
		27	Lundi
12	DIM.	28	Mardi
13	Lundi	29	Mercr.
14	Mardi	30	Jeudi
15	Mercr.	31	Vendr.

Combien doivent être rares les vrais gentilshommes, puisque tant de gens se servent de l'épée comme d'un bâton.

LA BOËSSIÈRE.

Si vous voulez dérouter ces soi-disant tireurs qui possèdent juste deux ou trois coups, faites vos mises en garde, en face d'eux, avec des engagements de *septime* et d'*octave* exclusivement.

LA BOËSSIÈRE.

L'épée est une maîtresse jalouse qui accapare ceux qu'elle a séduits. Elle prend un homme des pieds à la tête; le cœur, le poignet, les jambes, il lui faut tout à la fois.

AURÉLIEN SCHOLL.

Se battre quand il le faut, c'est bien. Éviter le duel quand on le peut honorablement, c'est mieux.

ANATOLE DE LA FORGE.

Les pages sublimes que Rousseau a écrites contre le duel, n'ont empêché de se battre que ceux qui, dans le cas où Rousseau ne les aurait pas écrites, ne se seraient pas battus davantage.

SAINTE-BEUVE.

L'assaut, c'est un duel dans lequel l'amour-propre est presque toujours blessé.

V.

Les témoins ont tué plus de gens que les épées.

GRISIER.

UN

DUEL EN SALLE D'ARMES

Le capitaine Azaïs dirigeait encore, il y a une trentaine d'années, à Toulouse[1], dans le Capitole même, une salle d'armes que fréquentait la jeunesse

1. Dès la fin du xvie siècle, grâce à des maîtres tels que Plate et les Labbat qui, pendant près de deux siècles, professèrent à Toulouse avec éclat, l'escrime fut bientôt en grand honneur dans le midi de la France, et les vieilles

élégante de la ville. Une des joies de cet excellent maître, qui avait servi dans l'infanterie de marine, était de raconter, entre deux reprises de leçon, les divers souvenirs de sa carrière de militaire ou de professeur.

Je me souviens que, tout enfant que j'étais alors, un jour que l'on m'avait conduit dans sa salle, je fus vivement impressionné en lui entendant raconter la dramatique histoire suivante, que je n'ai pas oubliée.

J'avais, commença-t-il, dans mon ancienne salle de la rue de la Pomme, en 1838, deux jeunes gens appartenant à de bonnes familles languedociennes sur lesquelles pesait un affreux souvenir, remontant à l'époque de la Terreur.

Le grand'père de l'un d'eux, M. de Bancas, avait péri sur l'échafaud, et parmi les jurés du tribunal révolutionnaire qui fit tomber sa tête, figurait le citoyen Ringal, aïeul d'un jeune étudiant fort assidu

écoles d'armes du Languedoc obtinrent de nombreux privilèges, entre autres celui de faire leur concours annuel au Capitole, à l'époque des Jeux Floraux.

à mes leçons. Ce souvenir avait toujours entretenu une sourde mais profonde aversion entre les de Bancas, riches propriétaires, et les Ringal, avocats à Toulouse.

Cette particularité, qui m'avait été révélée par un de mes vieux élèves, était, heureusement, inconnue des autres.

Je ne désespérai pas de réconcilier peut-être un jour ces nouveaux Capulet et Montaigu, à l'aide d'un de ces courtois assauts dont notre art a le privilège. Comptant sur le hasard pour me fournir cette occasion, je me tenais sur mes gardes, et, afin de ne pas les mettre en rapport prématurément, j'avais fixé leurs leçons respectives à une heure différente.

*
* *

Un matin, ma salle était déserte ; une visite inattendue m'avait rappelé pour un instant dans l'appartement que j'occupais dans le haut de la maison. A ce moment, le jeune Octave de Bancas vint pour sa leçon habituelle. Ne trouvant personne, il revêtit son costume d'armes et attendit.

Louis Ringal entra peu après. Il venait m'annoncer un voyage de quelques semaines, et tout d'abord un peu gêné du tête-à-tête que le hasard lui imposait, il salua froidement et s'assit en m'attendant.

Ce fut de Bancas qui rompit le silence.

— Puisque le maître n'est pas là, monsieur Ringal, vous plairait-il de tuer le temps en faisant un assaut avec moi?

— J'avais envie de vous le proposer, répondit l'étudiant d'un ton glacé.

Bientôt ils furent en garde et commencèrent une lutte toute d'observation. Mais l'animation ne tarda pas à les gagner et tout à coup M. de Bancas, qui venait de recevoir une attaque dans son masque, s'écria d'un air narquois :

— Oh! oh! vous visez à la tête, monsieur... serait-ce une habitude de famille?... Ne croyez-vous pas que des épées nous conviendraient mieux ?

— Je suis de votre avis, répondit énergiquement Ringal.

Et mes deux écervelés, décrochant une paire de vieux fleurets démouchetés qui pendaient à une panoplie, retombèrent en garde.

*
* *

A ce moment même je rentrais dans la salle et, tout
à la joie de les voir aux prises, je ne remarquai pas
avec quelle émotion de saisissement ils avaient brusquement abandonné leur garde lorsque la porte s'é-
tait entr'ouverte pour me livrer passage. Ma vue,
affaiblie d'ailleurs par un assez long séjour aux colo-
nies, ne me permit pas de remarquer de quelle nature
étaient leurs armes.

Tout à mon idée de réconciliation, je leur criai :

— Bravo! mes enfants! ah! voilà un assaut qui
me fait plaisir. Allons, continuez... J'espère que je
ne vous fais pas peur... Je vais suivre les coups.
Voyons, rapprochez-vous un peu, que diable !... De
l'aplomb, Ringal, on ne rompt pas comme ça. Ah!
mon cher de Bancas, vous auriez dû prévoir cette
riposte : elle a porté, tant pis pour vous.

Tout à coup, l'étudiant fit devant la pointe de son
adversaire qui se mettait à charger furieusement un tel
bond en arrière, que je crus qu'un fleuret était démoucheté. Je m'approchai et je vis alors quelques taches
rouges sur l'épaule de l'un et sur la cuisse de l'autre.

— Mais vos fleurets sont cassés! m'écriai-je en leur arrachant les armes ; et j'examinai les pointes. Je compris tout.

— Malheureux enfants! vous voulez donc me déshonorer?

Je n'eus que le temps de recevoir dans mes bras de Bancas qui faiblissait.

Je le transportai aussitôt dans le vestiaire; Ringal qui, lui aussi, saignait de la cuisse, s'étendit sur une banquette de la salle d'armes.

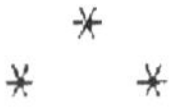

Un médecin que ma domestique était allée chercher arriva bientôt. Je le mis rapidement au courant, et, après avoir examiné les blessures, il put m'assurer qu'elles n'offraient aucun danger sérieux.

Sur ma demande, néanmoins, il ne laissa pas trop paraître son calme d'esprit et pansa avec gravité les deux jeunes gens.

J'en profitai pour demander à de Bancas si, dans le cas où sa blessure aurait des suites fâcheuses, il ne voudrait pas, par une réconciliation, délivrer de tout remords un adversaire qui s'était battu loyalement.

Sur sa réponse affirmative, je fis venir Ringal, et j'eus au moins la satisfaction de les voir franchement se serrer la main.

Quinze jours après, il ne restait rien des deux blessures, rien qu'une réconciliation sincère et un rapprochement définitif entre deux ennemis héréditaires qui, dès ce jour, croisèrent souvent l'épée, mais toujours amicalement. Œuvre que je considère, ajoutait le vieux professeur, comme une des plus heureuses de ma longue carrière de maître d'armes.

V.

Juin

1 Samedi	16 DIM.
	17 Lundi
2 DIM.	18 Mardi
3 Lundi	19 Mercr.
4 Mardi	20 Jeudi
5 Mercr.	21 Vendr.
6 Jeudi	22 Samedi
7 Vendr.	
8 Samedi	23 DIM.
	24 Lundi
9 DIM.	25 Mardi
10 Lundi	26 Mercr.
11 Mardi	27 Jeudi
12 Mercr.	28 Vendr.
13 Jeudi	29 Samedi
14 Vendr.	
15 Samedi	30 DIM.

La musique élève l'âme,
l'escrime la trempe.

SAINT-GEORGE.

Ne vous laissez jamais
prendre au sentiment du fer.

V.

Cham, témoin dans un duel
à l'épée, voyant son client
démonté, s'approche un peu et lui glisse à mi-voix, de façon
à être entendu de l'adversaire :

— Fais-lui donc le coup de l'autre jour !

Ne vous hâtez pas de faire parade d'un commencement
de connaissances en armes. Jourdain ne doit pas s'étonner
que Nicolle le touche, il n'a même pas pour lui la raison
démonstrative.

L'escrime est une protection contribuant à éviter les duels.

PAUL DE CASSAGNAC.

Pierre vient de se battre avec Paul. Ne seraient-ils pas mûrs pour devenir amis?

AURÉLIEN SCHOLL.

J'aurais fait mieux des armes si j'avais été femme.

D'ÉON.

La garde d'un tireur c'est la préface de son jeu.

DE LA PERVANCHÈRE.

Il n'y a pas de maîtres d'armes mélancoliques.

ALFRED DE MUSSET.

L'ESCRIME AU THÉATRE

Un certain intérêt s'attache à l'escrime de théâtre par le nombre de pièces dans lesquelles intervient le combat singulier.

Et si le duel doit au théâtre une partie de la

vogue dont il jouit, il est également juste de constater que le théâtre doit au duel de brillants succès.

Dès l'antiquité, sur les tréteaux ou dans les cirques, on se passionna pour les combats d'homme à homme. Nous n'en sommes plus, heureusement, au temps des gladiateurs, le sang ne coule plus dans nos spectacles, mais le cliquetis des épées émotionnera toujours le public.

Et d'abord, ce qui fait réussir le duel à la scène, c'est qu'il y joue généralement un rôle moralisateur.

Mieux que devant les tribunaux, là se prouve cette vérité qu'il y a des injustices, des outrages que la loi n'atteint pas; là aussi se confirme la parole du poète :

Le parti le plus juste est celui du vainqueur.

L'auteur moralise par la terreur; le traître, l'assassin succombant devant le champion de la vertu, de la courtoisie, du patriotisme, n'est-ce pas un moyen d'action qui, de tout temps, au théâtre, a fait sensation?

*
* *

Corneille, toutefois, ne choisit pas la scène comme théâtre de combat. Ses successeurs devaient être plus osés, aussi pouvons-nous aujourd'hui voir le duel en scène dans toute sa réalité et juger de l'habileté des escrimeurs légendaires.

Quels types plus connus, plus goûtés du public en général, que Lagardère, d'Artagnan, Bussy, Chicot, etc.?

Ces illustres ferrailleurs doivent surtout à leur savante épée la faveur dont ils jouissent : enlevez à d'Artagnan ses duels, au petit bossu la fameuse botte de Nevers, et leur rôle deviendra bien terne.

*
* *

Sous des dehors comiques et des apparences de critique, Molière a servi la cause de l'escrime.

Certes, M. Jourdain n'est pas homme à faire honneur à son professeur; mais les leçons d'escrime de ce M. Prudhomme anticipé indiquent l'importance qu'y attachait déjà la mode d'alors et une tendance à afficher l'escrime au théâtre. Elles prouvent encore que, si Molière n'avait pas conquis tous ses grades de tireur, il avait quelque peu fréquenté les salles d'armes.

C'était sans doute la première fois qu'un auteur

mettait dans la bouche de ses personnages le langage usité dans ces salles d'armes.

Depuis, il y a eu des pièces pour ainsi dire techniques, telles que *le Maître d'armes*, de M. Paul Vermond, qui fut représenté à Paris en 1850.

Mieux encore, en 1833, à l'Odéon, dans une représentation d'adieu donnée au bénéfice d'un artiste aimé du public, le fameux maître Bertrand consentit à faire l'assaut d'armes que comportait la pièce, et il prit comme adversaire son second, celui que plus tard nous appelions le père Ardohain.

**
* **

L'importance scénique d'une rencontre s'est accrue depuis. A notre époque de réalisme à outrance, les directeurs de théâtre ont dû en soigner la mise en scène avec minutie et prendre conseil des gens compétents.

Tout théâtre qui se respecte règle aujourd'hui ses duels avec un soin, une conscience, une sollicitude qu'apportent certainement peu de témoins dans les vrais combats.

De leur côté, les acteurs ne pouvaient rester indifférents à certaines pratiques d'escrime et de duel. Il en est qui ont fait des études de fleuret au Conservatoire ou ailleurs et ont acquis des qualités d'homme d'épée comme les concevait Voltaire lorsqu'il écrivait dans la *Henriade,* à propos du duel du vicomte de Turenne contre d'Aumale :

> On se plaît à les voir s'observer et se craindre,
> Avancer, s'arrêter, se mesurer, s'atteindre.
> Le fer étincelant, avec art détourné,
> Par de feints mouvements trompe l'œil étonné.

Talma avait bien compris le parti à tirer de certaines connaissances en escrime. Il était bon tireur, mais prenait ses rôles de duelliste trop au sérieux et devenait dangereux pour ceux de ses collègues qui étaient chargés de lui donner la « riposte ».

En cela aussi Mounet-Sully ressemble à Talma et apporte en scène un feu, une conscience, qui font d'autant plus frémir ses adversaires que le célèbre artiste a la vue basse.

— Que craignez-vous ? disait-il un jour, dans une répétition de duel, à Raphaël Duflos que sa fougue épouvantait à bon droit, vous savez bien que je n'y vois pas...

Comme tout homme ambitieux d'honorer sa profession, Talma ne négligeait rien de ce qui concernait la sienne. On sait que ce fut lui qui, le premier, en France, introduisit au théâtre la vérité des costumes et des armes.

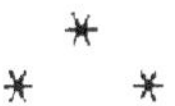

Le grand metteur en scène de l'escrime a été sans contredit Desbarrolles, qui pendant trente ans a créé et réglé tous les grands duels de théâtre.

Il s'était fait une véritable spécialité de cette branche d'enseignement et y déployait une habileté qui témoignait de sérieuses connaissances théoriques et pratiques.

Avec quelle sûreté il savait adapter les ressources de l'escrime au degré de force en armes, à la vigueur, à l'âge de ses combattants, en même temps qu'à leur rôle et au cadre dans lequel ils avaient à se mouvoir.

Certaines de ses créations sont autant de petits chefs-d'œuvre. On se souviendra longtemps du duel de Bussy avec les quatre mignons dans la *Dame de Montsoreau*, du duel dans *Roméo et Juliette* où Capoul, qui avait d'ailleurs pratiqué les armes, enlevait la finale du combat avec la même maestria qu'un finale de romance.

*   *
*   *

Jusqu'à Desbarrolles, il est vrai, peu de gens s'étaient adonnés à cette escrime particulière, s'appuyant sur différentes époques et toute de convention. En la négligeant, les maîtres ont souvent perdu de bonnes occasions de faire connaître au public étranger à nos salles d'armes (et il est nombreux) les côtés élégants, courtois et séduisants d'un art qui ne lui inspire généralement qu'effroi.

Le côté particulièrement intéressant de cette escrime gît dans l'étude de ses successives transformations, dans les mouvements qui semblent le mieux caractériser les époques et dans les applications qu'il est possible d'en faire.

Les principes généraux et élémentaires de la réglementation des duels de théâtre peuvent d'ailleurs être rapidement examinés.

*
* *

Tout d'abord les notions d'escrime plus ou moins étendues que possède l'acteur doivent guider dans le choix des actions, et les armes employées, quels que soient l'époque et le caractère des rôles, être légères et relativement courtes.

Comment obtenir des effets de talent, de force, de grandeur, de subtilité, d'élégance ou de résistance avec des armes qui, fatiguant le bras de l'acteur, fatiguent aussitôt l'œil du public par l'allure gauche, pesante et souvent grotesque des combattants?

J'ai dû une fois, pour cette raison, abandonner, malgré les criailleries de certains scolastiques, la longue rapière du xvie siècle pour le fleuret à garde couronnée, mis en usage vers la fin du règne de Louis XIII.

De même, les armes courtes offrent toujours plus de garanties pour la précision des coups et conséquemment plus de sécurité.

*
* *

Les mouvements de lame, tant offensifs que défensifs, seront autant que possible simples et largement dessinés; condition nécessaire pour que les actions de l'épée soient distinguées et comprises du public. Tels sont par exemple les coups de *prime,* de *seconde,* de *quinte,* qui exigent un déplacement de bras que l'œil suit aisément.

Par les dérobements de corps, les changements et les sauts de côté, les marches et retraites, les écrasements de fer et les battements, on obtient des effets vigoureux en même temps que de la clarté dans le combat.

Nombreux peuvent être les services que rendra comme auxiliaire l'*engagement* proprement dit ou acte de s'emparer du fer ennemi au début des diverses phrases d'armes.

Bien établi, il indique très nettement la direction des mouvements simples, et, s'ils sont composés, il en précise les divisions. Exécutés tantôt en lignes hautes, tantôt en lignes basses, les *engagements* peuvent donner au combat une variété qui créera une illusion de science et d'habileté.

Serrés et saccadés, ils produisent un cliquetis des fers captivant pour l'oreille et qui donne de la chaleur à l'action.

En faisant précéder les mouvements agressifs d'un
nombre d'engagements déterminé d'avance, on peut
fixer l'instant précis des attaques et on en augmente
ainsi la sécurité.

*
* *

Avec des sujets exercés, les corps à corps produi-
ront de grands effets. Et il est curieux d'observer
que le corps à corps, dans le duel de théâtre, causera
moins d'accidents que les coups à distance commune,
pour cette raison que les deux jouteurs, l'un contre
l'autre dans le corps à corps, n'ont à faire agir que
le bras, ce qui réduit l'étendue et augmente la certi-
tude des mouvements en permettant de faire passer
la lame avec assurance à droite ou à gauche de l'adversaire.

A distance, au contraire, l'élan est communiqué
par un ensemble d'efforts provenant des actions com-
binées des jambes, des bras et du corps. Sous ces
diverses et parfois contrariantes impulsions, la pointe
rendue plus incertaine peut s'égarer dans la figure
ou frapper durement le corps.

On prévient encore les accidents de ce genre en imposant pour les attaques des distances exactement calculées et en arrêtant que les finales décisives s'adresseront de préférence au bas du corps.

Les acculements au mur ou plutôt à un portant solidement établi, en même temps qu'ils rendent le combat plus émouvant, suppriment tout danger dans les chutes voulues.

*
* *

Il est essentiel que dans la rencontre les rôles soient caractérisés par le jeu même des épées : le spadassin, le traître, se retrouvera dans une garde en dessous et voûtée, avec engagements subtils et cauteleux, fausses attaques, coups de surprise dans les lignes basses, retraites simulées, parades enveloppantes, coups cavés, ripostes à temps perdu, lame inquiète mais toujours en ligne et guettant l'occasion de se dérober.

Un Bussy, un d'Artagnan au contraire, engage le fer bruyamment, marche avec assurance, garde haute et fière, se découvre avec audace, revient au fer avec confiance, attaque impétueusement, pare et riposte de tac en se maintenant dans le haut des lignes, dédaigneux des coups bas.

*
* *

Un classement serait à faire, bien évidemment, entre les duels de drame, d'opéra-comique ou d'opérette.

Dans la pièce qui se passe dans un pays fantaisiste, sous des lois chimériques, la façon de s'y servir de l'épée doit être aussi fantaisiste que les personnages qui s'y meuvent.

Dans une pièce, au contraire, où l'auteur a essayé de faire revivre une époque disparue en puisant aux sources de l'histoire, le duel qui s'y donne sera d'autant plus intéressant qu'il ressuscitera l'escrime du pays et de l'époque.

De pareilles réglementations appellent des recherches. Je me souviens de la peine que me donna l'ébauche du duel genre ancien que je fis pour *Hamlet*, il y a deux ans, à la Comédie-Française.

Le Salut pouvait donner une idée assez exacte des anciennes révérences de l'épée.

Dans l'action, la main gauche fermée et placée devant la poitrine rappelait une position propre à la tenue de la dague, et cinq phrases d'armes divisaient le combat, chacune précédée d'engagements de fer violents et saccadés et appuyés de marches qui devaient aider au relief de chaque coup final.

La première phrase s'achevait par une attaque en ligne d'octave, qu'Hamlet portait en se dérobant à la prise de fer de Laërte.

Il fallait, à la fin de la seconde, qu'Hamlet fît dévier une attaque haute par la parade de prime des anciens, suivie du coup de prime qu'il lançait en se redressant pour le mieux accuser.

Formé à l'école italienne, Laërte en se fendant en arrière et en s'écrasant, dans la troisième phrase d'armes, se dérobait à l'attaque de tête d'Hamlet et le blessait par une seconde italienne.

Dans la quatrième se produisait le désarmement de Laërte par le froissé de quarte basse et l'échange des armes, provoqué par Hamlet que sa blessure étonne [1].

---

1. Un critique anglais très compétent en matière d'escrime, M. Egerton Castle, m'a fait un crime d'avoir employé le *froissé* pour ce désarmement. La *prince et contre-prince* ou

Enfin, dans la cinquième phrase, Hamlet par des marches successives et rapides accule son adversaire et maîtrise complètement son épée. Laërte, affolé, recule, l'arme machinalement tendue. De violentes parades d'écrasement la font dévier et permettent à Hamlet de frapper par un coup de *quinte* mortel son déloyal partenaire.

Dans un duel de cette longueur, chaque passe d'armes doit être précédée ou suivie de déplacements des personnages de façon à couper la lutte par des repos et à lui donner des aspects variés.

*
* *

En résumé, il y a lieu de souhaiter tout autant que les maîtres d'armes s'intéressent à l'escrime spéciale au théâtre, que de voir l'acteur s'attacher à posséder certaines connaissances pratiques d'un art souvent

saisissement réciproque des épées par la garde caractérisait davantage, il est vrai, l'escrime de l'époque.

Mais le désarmement par la *prince* et *contre-prince* ressemblait trop à un escamotage et eût enlevé, à l'échange des armes, l'effet imposant que lui assurait le *froissé* suivi d'un arrêt brusque dans le combat.

mis en scène et dans lequel il puisera en outre des qualités physiques propres à perfectionner l'aisance et l'ampleur de son jeu en général. Ne sera-ce pas encore pour lui un moyen de bien connaître ses camarades en faisant, à l'occasion, l'expérience de cette maxime d'un vieil escrimeur académicien :

« L'âme ne se voit jamais mieux qu'à travers les mailles serrées de ce masque de fer que nous portons dans les salles d'armes » ?

V.

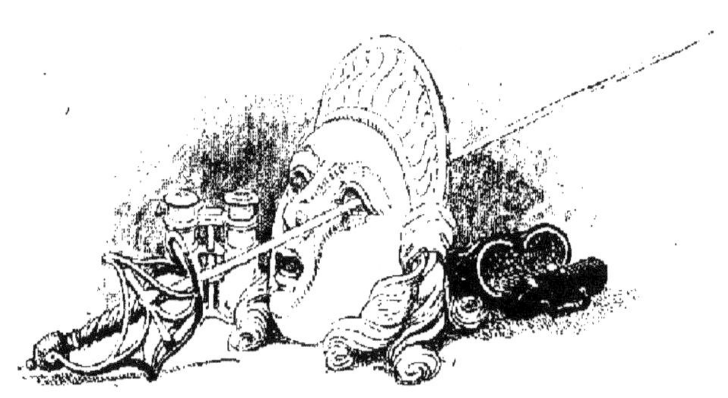

A mon Maître et Ami Vigeant

ALBÉRIC MAGNARD.

p
mf p
cres cen do
f p

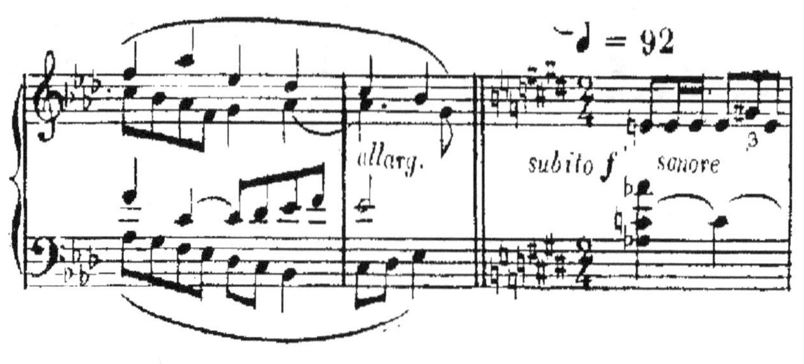
♩ = 92
allarg.
subito f
sonore

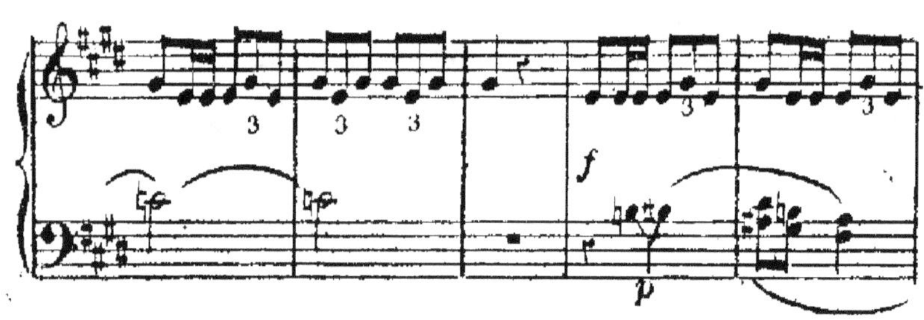
3
3
3
f
3
3
p

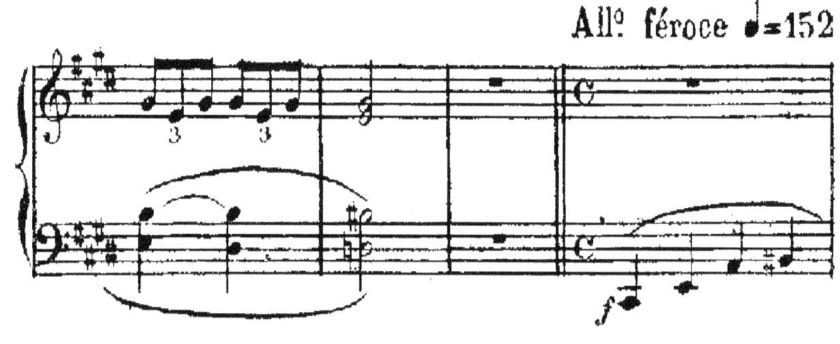
Allº féroce ♩=152
3
3
f

f
3
3

f
ff
cres -
cen - do
f
fff
ritard.
♩ = 92
f
f
f

1º tempo

cres _ _ _ cen _ do _ f
p
allarg

Juillet

En bonne escrime faire lentement est aussi difficile que faire vite.

V. Charlemagne.

— Quel malheur! disait un jour, à l'époque de ses débuts, le maître Mimiague au fameux tireur Franck de Saint-Étienne, qu'un talent comme le vôtre vous soit précisément donné à vous à qui cela ne sert que bien peu, alors qu'il serait si utile à un homme comme moi.

Les critiques en escrime ne datent pas d'hier : témoin Brantôme qui affirme qu'Henri III était le meilleur escrimeur de son royaume, alors que le baron de Gouville était, assure-t-il, la plus fine lame de France.

— Comment voulez-vous que je comprenne jamais l'escrime, disait un jour un banquier, il faut donner et ne pas recevoir.

V.

Un disciple de Jean-Louis remarquant un jour la cicatrice rappelant sur la joue droite du maître le coup de baïonnette qu'il avait reçu à Austerlitz :

— Eh! eh! mon cher maître, vous ne l'avez pas parée, cette attaque-là?

— Non! répondit Jean-Louis, mais j'ai riposté quand même et le Kaiserlick a roulé.

Si vous croyez devoir changer d'avis sur le mérite d'un tireur, ne soyez pas trop irrité de retrouver votre ancienne opinion chez d'autres.

Bonnet.

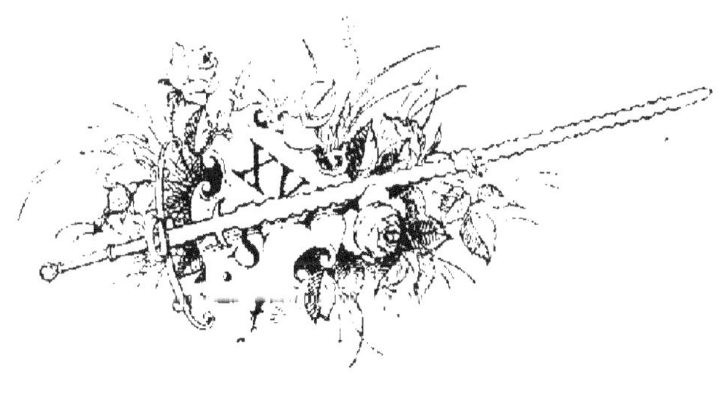

PAILLOTIN

Paillotin était un grand roux de vingt-six ans,
bien bâti, qui devait son nom à la nuance jaunâtre
de ses cheveux et de ses sourcils touffus, relevés vers
les angles comme sur une tête de pitre.

Caporal au 3ᵉ régiment du génie, à Montpellier,
Fétu, dit Paillotin, était prévôt à la salle d'armes du
célèbre Jean-Louis.

Mais en opposition avec les principes de son maître, qui voulait que l'escrime fût une science défensive et non agressive, Paillotin s'était fait, dans la garnison de Montpellier, une réputation de batailleur. Il ne supportait pas les plaisanteries sur sa physionomie un peu comique et dans la première moitié de 1820 il était allé six fois sur le terrain avec le sans-façon de ces vieux bretteurs comme il s'en trouvait alors dans l'armée. Après son dernier duel, dont l'issue avait été fatale, le prévôt avait été cassé et désigné par décision du général commandant la subdivision pour le 7ᵉ de ligne à Montauban, où tenait également garnison le 2ᵉ lanciers.

Au moment de quitter le régiment d'élite où il avait gagné un galon et un brevet, Paillotin eut le cœur gros; il alla faire ses adieux à son maître et lui promit de commander à l'irascibilité native que sa connaissance des armes rendait redoutable.

Le lendemain il était en route, son havresac sur le dos et sa paire de fleurets en sautoir.

*
* *

Pendant les étapes qui séparent Montpellier de

Montauban et qu'il franchit dans une semaine, Paillotin eut tout le temps de réfléchir à ses malheurs
et de prendre de sages résolutions.

Si les étapes étaient longues pour un troupier
isolé, la malle-poste allait plus vite. Déjà les lettres
avaient signalé et fait connaître Paillotin à la garnison de Montauban.

Comme il approchait de la vieille cité calviniste,
le prévôt rencontra, près la porte d'octroi, plusieurs
fantassins venus à sa rencontre pour lui souhaiter la
bienvenue.

De l'autre côté de la route, quelques lanciers sta-
tionnaient à part, guettant son arrivée et désireux de
prendre mesure à ce bretteur de Montpellier.

Entre Paillotin et ses nouveaux camarades de la
ligne, la connaissance fut bientôt faite et l'on entra
dans une auberge voisine.

Les cavaliers, gardant leur attitude d'observation,
pénétrèrent à leur tour dans le cabaret et s'attablè-
rent à part.

*
* *

L'on sait que l'esprit de corps, très vif à cette

19

époque, avait souvent pour résultat une absurde mais profonde animosité entre les différentes armes.

Les raisons les plus futiles : une légère froideur, soit entre les officiers ou entre les sous-officiers de corps différents, un mince privilège accordé à tel ou tel régiment, le port de la barbe royale par exemple, un accueil plus ou moins bienveillant de la part de la population, voire même une querelle insignifiante entre les deux premiers troupiers venus, cela suffisait quelquefois à monter les têtes, à créer des rivalités que suivaient de près quantité de duels.

Le seul remède en usage était alors le brusque changement de garnison.

Mais il n'était pas rare que le régiment déplacé trouvât encore dans sa nouvelle résidence, au lieu de camarades, des gens tout disposés à prendre en main la suite des querelles de leurs collègues.

De nos jours, l'esprit de corps existe encore dans notre armée, mais s'inspire heureusement d'autres idées.

Les fantassins installés dans l'auberge demandèrent une tournée de vin et, les verres remplis,

Paillotin s'apprêtait à trinquer avec ses nouveaux amis. Mais au moment où il allait élever son verre, un des lanciers, s'approchant sournoisement, le saisit avant lui et le vida d'un seul trait.

Paillotin fut un instant interdit, mais reprenant bientôt son sang-froid :

— Très bien, mon ami, articula-t-il lentement, vous avez numéro un.

Et il fit remplir un second verre.

A l'instant où il allait s'en servir, un nouveau cavalier s'en empara encore et le vida en lui disant gouailleusement en face :

— A notre santé, l'ami !

Paillotin pâlit un peu cette fois, puis, comprimant un mouvement de colère :

— A vous, camarade, le numéro deux, dit-il.

La préméditation de ces défis était manifeste et, malgré ses velléités de sagesse, Paillotin sentait peser sur lui le fardeau de sa réputation.

Il demanda un nouveau verre et, lorsqu'on le lui apporta, un cavalier s'avança encore pour le saisir, mais, plus prompt, le prévôt lui arrêta le bras avec violence.

— Assez de deux pour aujourd'hui, fit-il avec autorité, ce verre est pour moi. Vous repasserez un autre jour si le cœur vous en dit.

Et la tournée se vida dans une gaieté macabre.

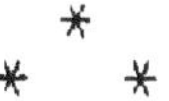

Deux affaires sur le dos. C'était un beau début auprès de son nouveau colonel, qui, eu égard à ses notes de Montpellier, n'allait pas manquer de le secouer d'importance.

Pourtant, quand il eut raconté la scène de la porte d'octroi qu'attestaient de nombreux témoins, le chef de corps reconnut l'impossibilité de refuser son autorisation à la double rencontre.

Celles-ci devaient avoir lieu le lendemain au fleuret démoucheté, sur les remparts de la ville.

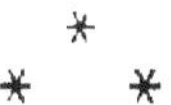

Si l'ancien prévôt de Jean-Louis avait un sang-froid, une habitude de la salle d'armes et du terrain qui le rendaient redoutable, les deux cavaliers étaient aussi réputés tireurs exercés et se présentèrent pleins d'assurance sur le terrain.

A la deuxième reprise avec le premier d'entre eux, Paillotin comprit d'ailleurs qu'il n'aurait pas trop de tous ses moyens pour le combattre, et il se mit prudemment en défensive en guettant une occasion qui se fit attendre assez longtemps.

Tous deux se tâtaient.

Enfin, sur une feinte qui le menace en ligne haute, Paillotin essaye de croiser l'épée en seconde en serrant la mesure, mais l'épée ennemie s'est aussitôt dérobée et revient en ligne par un rapide dégagement de sixte. Paillotin, heureusement, l'a jugé à temps ; il pare prime au vol, riposte de revers et reçoit l'adversaire sur sa pointe au moment où ce dernier achève son attaque et s'enferre.

L'épaule droite est traversée. Le cavalier lâche son arme, ses témoins l'emportent à l'écart, suivis du major qui revint bientôt annoncer que la blessure n'était pas dangereuse.

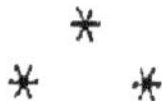

Après avoir essuyé sa lame sanglante, Paillotin prend un temps de repos, puis se met en face de l'autre lancier, prévôt comme lui, et dont la garde dénote un roué tireur.

Il a jugé Paillotin, il s'agit de l'avoir par la fatigue.

Le gaillard, en effet, cherche à l'ébranler en agaçant le fer par des engagements et battements continus, tantôt simulant des attaques franches, tantôt le harcelant par des feintes répétées, le tout entrecoupé de marches et de retraites brusques, pour faire tirer dans le vide et imposer à Paillotin, qui déjà a fourni deux reprises, une lutte énervante.

Ce dernier semble tomber dans le piège; bientôt ses actions s'alourdissent, il se démène en des mouvements presque larges et incohérents. Puis il paraît las, désuni et il rompt devant l'adversaire qui alors serre la mesure franchement, se ramasse dans sa garde et part d'un trait en trompant le large contre de quarte que Paillotin décrit comme par un mouvement machinal. Mais cette fois il a répondu vivement à la feinte et, tendant aussitôt le bras avec opposition de tierce, il traverse, par un coup de *temps* formidable, la poitrine du cavalier dont la lame vient racler, avec un bruit sinistre, le long de son fer.

Les témoins se précipitent et soutiennent le blessé qui s'affaisse en disant :

— *Paouré dé iou!* (Malheureux que je suis!)

Cet accent, cette plainte dans un idiome qui lui était familier, frappèrent vivement Paillotin. Il demanda à l'un des témoins quel était le nom de son adversaire, d'où il était.

On lui répondit qu'il se nommait Agnel, qu'il était né à Bolène, près d'Orange.

— Dieu me damne! se dit en lui-même Paillotin; c'est un camarade d'enfance que je viens de tuer.

Et tout en s'habillant, pendant qu'on transportait le blessé à l'infirmerie, ses souvenirs d'enfance lui revenaient. Il revoyait les magnaneries de la petite commune, près de Bolène, où il était né. Ce grand lancier qu'il venait de mettre à mal n'était alors qu'un frêle gamin avec lequel il grimpait dans les mûriers. Qui lui aurait dit que quinze ans plus tard, sans s'être reconnus et pour un motif ridicule, ils se couperaient la gorge!

Triste et silencieux, Paillotin regagna la caserne suivi de ses témoins. Là, on lui dit que le colonel l'attendait à la salle des rapports. Il y arriva dans un état d'accablement profond.

— Vous savez, Fétu, lui dit le colonel, que si vous venez dans le régiment faire le spadassin, vous serez promptement expédié dans les compagnies disciplinaires d'Afrique.

— Mon colonel, répondit le prévôt, j'avais promis, en quittant Montpellier, de tout faire pour éviter de nouveaux duels, et j'étais sincère. En arrivant ici, vous savez que j'ai eu la main forcée. Mais ce que je viens de découvrir m'accable ; désormais, sous aucun prétexte, je ne veux plus me battre. J'ai tué un ami d'enfance, pauvre Agnel, oh ! c'est fini !

En ce moment on apporta un pli au colonel qui en prit connaissance, et se retournant vers le prévôt :

— C'est fermement que vous prenez la résolution de ne plus vous battre ?

— Je le jure, mon colonel.

— Eh bien, je suis heureux de vous apprendre que le major répond de la vie d'Agnel. Ce billet me l'annonce. Mais, prenez garde ! Veillez sur vous et songez à votre promesse.

Paillotin tint parole. Il quitta le service avec les galons de sergent et repassa par Montpellier où sa première visite fut pour Jean-Louis.

Il lui raconta les divers incidents des deux duels à

Montauban, mais s'étendit particulièrement sur les louanges que lui avaient values, par la suite, sa sage conduite et sa modération devenue inaltérable.

— C'est égal! fit Jean-Louis devenu rêveur en l'écoutant, tu n'aurais jamais dû, en face d'un inconnu, risquer un coup de *temps* sur le terrain. C'est une faute. Souviens-t'en!

V.

Août

1 Jeudi	16 Vendr.
2 Vendr.	17 Samedi
3 Samedi	18 DIM.
4 DIM.	19 Lundi
5 Lundi	20 Mardi
6 Mardi	21 Mercr.
7 Mercr.	22 Jeudi
8 Jeudi	23 Vendr.
9 Vendr.	24 Samedi
10 Samedi	25 DIM.
	26 Lundi
11 DIM.	27 Mardi
12 Lundi	28 Mercr.
13 Mardi	29 Jeudi
14 Mercr.	30 Vendr.
15 Jeudi	31 Samedi

« Tenez votre épée comme si vous aviez dans la main un petit oiseau : assez ferme pour ne pas le laisser échapper, mais pas assez fort pour l'étouffer. »

LAFAUGÈRE.

« Quel coup de poing! » disait Talleyrand en recevant un léger soufflet de Maubreuil, et par ce mot plein de présence d'esprit le grand 'seigneur venait de supprimer l'outrage en aggravant le délit... devant les tribunaux.

Cinq minutes de leçon valent souvent mieux qu'un quart d'heure d'assaut.

P. DARESSY.

Définition littéraire de l'escrime :
L'art de toucher les autres sans être touché soi-même.

V.

Vous n'avez pas besoin de leçons d'armes pour vous mettre à l'abri du plus fort tireur, si vous avez soin sur le terrain de toujours vous couvrir de la tête aux pieds.

FOUGÈRE.

Entre vieux escrimeurs :

— Ah! mon cher comte, j'ai éprouvé une bien grande douleur en apprenant hier l'issue fatale de ce duel pour votre fils.

— Oui, c'est affreux!... Et dire qu'il s'est fait tuer par un simple coup droit.

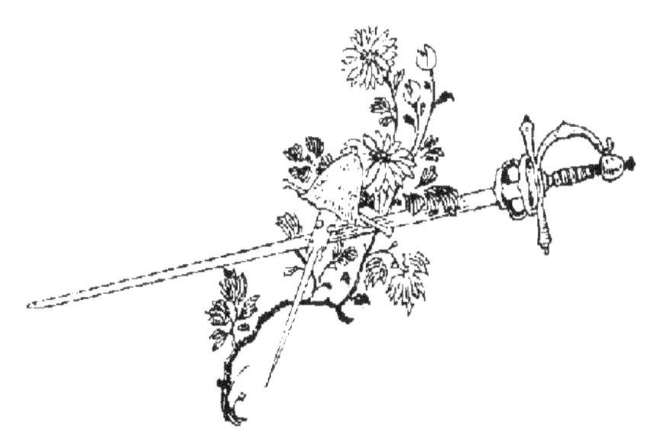

L'ESPRIT DES ARMES

Vous êtes vous avisé d'analyser les mouvements — *attaques, temps, parades* et *ripostes* — que, depuis l'heureux jour de la première leçon d'armes, le maître vous fait exécuter régulièrement?

Il y a, n'en doutez pas, dans tous ces mouvements autre chose qu'un exercice nécessaire à l'acquisition du doigté et au développement de la force.

Chaque botte a son idée et répond forcément aux aptitudes natives de l'école et du tireur.

A ce titre, le jeu de l'école française exprime si bien notre esprit national, que je conseillerais à un étranger, désireux de nous connaître, de ne pas repartir sans avoir fréquenté une de nos salles.

***
** **

Voyez le *battement d'épée* : les épées sont engagées, les pointes se tâtent, se pressent, se quittent pour se reprendre : banalités d'un exorde.

Tout à coup, inattendu, sec et comme impérieux, éclate un petit battement auquel une réaction instinctive de l'ennemi répond, ouvrant dans la ligne opposée un grand jour où la pointe a filé déjà. Dans la vivacité, dans l'imprévu de ce *battement* qui, jeu de cache-cache, appelle dessus pour se dérober dedans, ne voyez-vous pas une sorte de gaminerie gauloise? Et cette gaminerie ne se double-t-elle pas d'une espèce de narquoiserie blagueuse quand l'attaque, se soutenant avec suite, attire dans l'air le fleuret adverse et le fait courir après lui dans le zigzag gouailleur d'un *une-deux-trois* ou dans la cascade d'un élégant *doublé*.

*
* *

Le *menacé*, lui, a plus de gravité. Votre ligne de dedans est mal couverte ; sérieusement, ouvertement je dessine l'intention d'y entrer à fond, en étendant le bras ; vous opposez dedans, mais je n'y suis plus déjà et je vous gagne dessus. Ma menace du *coup droit* dedans était une feinte et j'avais besoin de toute la gravité décidée de mon attaque dans une ligne pour vous laisser ignorer que j'avais des vues sur l'autre.

*
* *

Nos épées se touchent et vous êtes admirablement couvert ; vous me barrez la voie. Furieux, j'attaque de front l'obstacle et je *froisse* votre fer pour l'écarter ; il s'écarte en effet et aussitôt il revient. Mais je n'y suis plus : ma violence n'était qu'apparente et c'est dans la ligne même vers laquelle j'avais chassé votre fer que je me proposais de passer.

On pourrait multiplier les exemples, la gaminerie

du *battement,* l'ironie du *menacé,* la fanfaronnade
voulue du *froissement,* la sournoiserie discrète et
pince-sans-rire du *dégagement,* — la fougue feinte
du *coupé,* — l'indolence affectée de la **pression,** tout
cela s'anime et pense, dans les diverses phases de cette
conversation courtoise, aiguisée, railleuse, implaca-
ble et bon enfant qui s'appelle un assaut d'armes; et
c'est de l'ensemble dans ces feintes légères et sé-
vères, gracieuses et décisives, que sont faites la courtoisie, la force, la finesse, la diplomatie, en un mot
l'esprit de l'escrime de chez nous.

*
* *

La variété n'est pas moindre dans les éléments
de la défense.

Une attaque est parée et dans le grand jour ouvert
par *l'opposition* ou par le *contre,* la *riposte* file droite,
sèche, précise, du *tac au tac.*

Enfin, il y a dans le *coupé* qui suit la parade une
sorte de répression hautaine qui donne à la sévérité
de la riposte je ne sais quelle gravité académique et
de bonne compagnie.

* *
*

Que de sentiments, que d'idées, que de choses dans toutes les évolutions d'une leçon d'escrime, et ne croyez-vous pas qu'il y ait dans l'étude de l'art des armes une gymnastique merveilleuse de l'esprit, au point de vue du développement des qualités qui font les hommes fins, fiers, forts et résolus ?

Dans le groupe de toutes ces idées, de tous ces moyens d'action, de toutes ces feintes, chacun fait son choix suivant ses goûts, ses instincts, la nature de son esprit, le type de son caractère, et c'est pour cela que chaque jeu a son expression, son style et, pour ainsi dire, sa marque.

Dans ces dernières années quelques femmes du monde se sont curieusement, discrètement, et comme en se cachant, attachées à l'étude des armes. Sans parler de la facilité avec laquelle la femme a su tirer parti de sa souplesse assimilatrice, de son courage à la peine, de sa résistance (elles valent mieux que nous, messeigneurs !), nous avons été frappés en voyant mesdames H..., F..., N..., pour ne citer que trois des élèves de notre maître Louis Verdet, nous avons été frappés par les qualités marquantes que les escrimeuses développent dans un assaut, et nous retrouvions, en les regardant, le caractère, les allures et le cachet de nos petites femmes de France dans l'audace spirituelle des feintes, la franchise cauteleuse et « l'emballement » circonspect des attaques, la prudence agressive des marches, la réserve inquiétante des retraites, et dans ces ressources vives et calmes qui, l'attaque parée, font voler la riposte au joint découvert, avec une étonnante précision.

La voix a son timbre, ses inflexions et ses nuances. Le jeu du tireur a de même sa physionomie et ses allures, qui dépendent de la prédilection du tireur pour tel ou tel genre d'artifice.

Celui qui, sans préférence et sans cachet personnel, exécutera correctement dans un assaut tous les coups de la leçon, celui-là fera sans doute de belles armes; je crains fort pour lui qu'il ne soit pas encore un tireur redoutable.

On n'est pas un homme d'esprit dans tous les genres : un bon escrimeur a toujours dans la tête et dans la main ce que les amateurs appellent ses préférences, ce que les ignorants appellent ses bottes secrètes et ce que je voudrais qu'on appelât plutôt l'expression personnelle de ses idées et le style de son caractère.

L'escrime a ses grands artistes, et vous les reconnaissez à ce signe que leur jeu n'est pas fait de l'exécution impersonnelle et impeccable des coups de la leçon, mais qu'il procède de la connaissance consommée des idées et des actes et qu'il s'inspire, non pas seulement de la lettre des traditions, mais de l'esprit de l'escrime.

CLAUDE LA MARCHE.

Septembre

L'escrime est un art de conciliation.

JEAN-LOUIS.

Dans une salle d'armes :

— Quel ours mal léché que le baron! On a beau être aimable avec lui, on en est pour sa délicatesse.

— Ce n'est pas ma faute, dit le professeur, j'ai tout fait pour lui apprendre le *tac au tac*.

Le duel est une extrémité, et le but de l'escrime consiste plus encore à calmer les emportements de la passion par la

conscience de la force et de la supériorité acquises, qu'à chercher à atteindre un adversaire.

Jean-Louis.

On est frappé de l'urbanité qui règne dans la société des
gens d'épée. On y vit dans une atmosphère de chevalerie
qu'il fait bon de respirer.

Prince Georges Bibesco.

En se créant des difficultés à lui-même, un fort tireur dans
un assaut peut toujours se donner l'illusion d'un adversaire
aussi fort que lui.

V.

Mieux vaut donner un coup d'épée au bras que d'en recevoir un dans la poitrine.

Ranc.

Pour certains tireurs, faire des armes c'est casser des
fleurets.

Henri Petit.

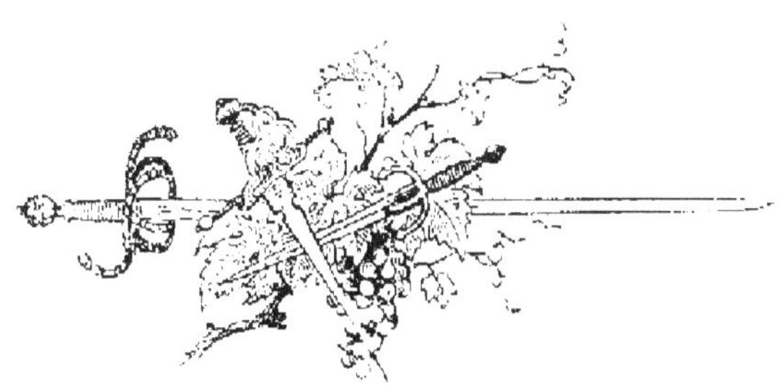

UNE RÉPÉTITION

En 1879, à un de ces bals de bienfaisance donné à l'Hôtel Continental, et où chacun peut pénétrer moyennant souscription, un jeune élève de l'École des chartes, Edgard L..., fut rudoyé d'une façon inattendue par un personnage qu'il ne connaissait guère que de vue, le comte roumain Constantin R...

— Vous pourriez me heurter moins violemment. monsieur, vous êtes sans gêne.

— Et vous bien… audacieux dans vos appréciations.

— Le défaut d'éducation n'est pas de mon côté, monsieur.

— Qu'est-ce à dire?

.   .   .   .

Bref, la discussion se termina par un défi peu justifié par les faits, mais bien en règle.

Quelques instants plus tard, quatre messieurs conféraient dans un coin. L'étranger croyait, à tort ou à raison, avoir certain motif de jalousie vis-à-vis du jeune archiviste. Mais cette explication de son attitude provocatrice resta dans l'ombre.

Les témoins, tous jeunes et inexpérimentés, conclurent rapidement, sur la demande de leurs clients, à une rencontre à l'épée pour le lendemain dans le parc de Maisons-Laffitte.

*
* *

Le jeune Edgard, exempté du volontariat par suite du retard de son développement physique, n'était rien moins qu'un athlète. Il avait plus pâli, depuis deux ans, sur les cartulaires carlovingiens, que fatigué à la salle d'armes.

Le comte R..., au contraire, ancien capitaine dans la garde roumaine, s'était fait au Quartier latin, où il fréquentait les étudiants, une réputation de tireur.

Aussi le lendemain matin les témoins d'Edgard, en envisageant les faits avec plus de sang-froid, se sentaient moins rassurés sur son compte.

Le jeune archiviste comptait heureusement de nombreux amis.

Plusieurs d'entre eux, qui déjà avaient fait leurs preuves, décidèrent de l'emmener le jour même à Maisons-Laffitte et de lui donner ainsi qu'à ses témoins une répétition de duel.

*   *
*

Les dispositions furent aussitôt prises : les deux témoins partirent à la recherche d'un médecin complaisant et d'une paire d'épées boutonnées.

Les autres s'attachèrent au néophyte jusqu'au moment solennel, s'engageant à l'instruire, à le soigner et à le distraire.

Quant à le conduire dans une salle d'armes, l'idée leur en vint peut-être, mais la crainte d'une double fatigue pour le débutant les y fit renoncer.

*
* *

Le rendez-vous général était fixé pour deux heures à la gare Saint-Lazare. Tous furent exacts.

Une heure après, la petite bande divisée en deux groupes longeait l'avenue Églé et s'enfonçait dans le parc.

Une voiture suivait occupée par un médecin ami d'Edgard, un jeune stagiaire du Val-de-Grâce. A côté de lui un fourreau de serge verte, renfermant les colichemardes, était soigneusement dissimulé.

La caravane s'enfonça dans les taillis; arrivée au carrefour des Six-Voies, on fit choix d'une allée déserte et la mise en scène commença.

Aucun détail ne fut omis. L'adversaire de complaisance avait été choisi en la personne d'un grand étudiant barbu, de la même taille que le comte roumain.

Pendant qu'on tirait au sort le choix des places et qu'on mesurait les armes, Edgard écoutait pour la dixième fois les instructions de son premier témoin, un officier de réserve qui s'évertuait à lui inculquer un coup infaillible.

Mis en présence de son faux adversaire, Edgard,

bien pénétré des conseils qu'il avait reçus, resta d'abord sur une prudente défensive; puis enfin, se disant que le moment d'agir devait être arrivé, il exécute bravement en marchant un énergique moulinet avec son arme, frappe comme avec un bâton sur l'épée de l'adversaire et décoche une grande estocade que l'autre reçut en plein biceps et qui le mettait hors de combat.

— Je suis blessé! je suis blessé! s'écria ce dernier triomphalement.

— Parfait! hurla la galerie; bravo, Edgard!

— Comment! ce n'est pas plus difficile que ça? fit le vainqueur...

En ce moment débouchaient un brigadier de gendarmerie et deux bons Pandores.

— Au nom de la loi, messieurs, je vous dresse procès-verbal!

Et le représentant de l'autorité mettait la main sur les épées, pendant que ses acolytes coupaient la retraite aux duellistes.

Un éclat de rire lui répondit.

Le brigadier, en cherchant du sang sur les lames, fut très étonné de les trouver soigneusement mouchetées.

— Je ne m'explique pas cette comédie, messieurs. Enfin, ce n'est pas pour rien que vous avez parmi vous un médecin militaire.

— Brigadier, fit le stagiaire visé, ceci n'est qu'une leçon de terrain. Vous n'avez pas plus de constatation légale à faire que dans un assaut de salle d'armes.

— Fort bien, messieurs. Je vous laisse vos armes puisqu'elles sont mouchetées, mais vous me permettrez de vous demander vos noms.

— Très volontiers.

— Nous en serons quittes, se dirent entre eux les amis d'Edgard, pour aller tantôt à Saint-Germain.

La formalité des noms remplie, le cortège revint vers Maisons-Laffitte.

*
* *

Comme Edgard et ses amis achevaient de dîner à l'hôtel du Soleil-d'Or, ils reçurent la visite d'un des témoins du comte, que celui-ci leur dépêchait avec une lettre.

Il s'était trompé la veille, en affectant une brusquerie provocatrice à l'égard du jeune archiviste. Il avait depuis retrouvé son sosie. Il ne pouvait faire à Edgard que les plus complètes excuses, et il s'exécutait de bonne grâce.

La caravane déclara aussitôt que l'incident pouvait être considéré comme clos, et l'on souligna cette solution d'un toast joyeux.

Ajoutons que la répétition d'Edgard ne lui a heureusement pas encore servi.

V.

Octobre

Le sentiment du fer est la seconde vue du tireur.

GOMARD.

L'assaut est la communion blanche du duel.

CHARLES LE ROY.

Il y a deux sortes d'à-propos en armes : celui qui naît du coup d'œil, et celui qui naît de la prévoyance.

ROBERT aîné.

Sans les duels, pas de salons, il n'y a que des cabarets.

GUIZOT.

Dans son lit, la veille d'un duel :

— Qu'il est bon de dormir dans une peau sans trous !

SAINT ALBIN.

En France, aucun parti politique n'osera soutenir une loi contre le duel qui tendrait à faire du descendant des Gaulois un Français sans honneur et sans humeur.

Ignotus.

Je ne voudrais pas vivre vingt-quatre heures dans la société telle qu'elle est établie et gouvernée, sans le duel.

Jules Janin.

Devise de la confrérie chevalière et royale d'escrimeurs de Saint-Michel, à Gand :

N'évite pas, jamais ne cherche.

DEUX COUPS D'ÉPÉE

DU CHEVALIER DE MALSEIGNE

La famille de Malseigne, aujourd'hui éteinte, appartenait à la bonne et ancienne noblesse de Franche-Comté. Elle était représentée, en 1788, par le baron chef du nom et des armes, et par son frère le chevalier, récemment nommé lieutenant-colonel du régiment des carabiniers du roi alors en garnison à Lunéville.

C'est au moment où le chevalier vint dans cette ville, prendre possession effective de son nouveau grade, que se place l'épisode que nous allons raconter. L'authenticité historique nous en a été attestée, il y a bien longtemps, par la baronne de Malseigne, nièce du chevalier, alors très avancée en âge, et par un vieil ami de la famille suffisamment compétent en matière d'escrime pour préciser les détails qui vont suivre.

— C'était un terrible homme, mon oncle le chevalier; c'est ainsi que la baronne commençait toujours le récit qu'on lui faisait répéter à satiété.

— C'était un rude tireur, disait à son tour M. l'avocat P..., le vieil ami auquel nous avons fait allusion. C'était un rude tireur, le chevalier de Malseigne. — L'événement raconté était la preuve de cette double appréciation.

Donc, par une belle matinée du mois de mai 1788, deux officiers supérieurs du régiment des carabiniers du roi venaient de faire en petite tenue leur promenade du matin à cheval, et mettaient pied à terre devant le meilleur hôtel de Lunéville où ils allaient déjeuner. C'était le marquis de V... et le comte de

B... Deux officiers de cour, comme on disait alors, et doués de cette frivolité gracieuse des grands seigneurs de cette époque.

— Tu sais, marquis, que c'est le fameux Malseigne qui va nous arriver comme lieutenant-colonel, la gazette de ce matin l'annonce positivement.

— Mon cher, répondit le marquis, je ne sais pas en quoi et pourquoi Malseigne est fameux. Ce que je sais, c'est qu'il nous passe sur le corps à tous deux.

— Mais fameux par sa force physique et par son habileté à l'escrime.

— Peuh!... réputation de province... il faudra voir!

— Il ne faut pas attendre, si nous voulons le tâter, qu'il soit reconnu par le régiment, sans quoi la différence de grade nous rendrait plus difficile un petit tour sur le pré avec lui.

— Eh bien, nous n'attendrons pas qu'il soit reconnu pour voir son épée au clair. — Nous saisirons la première occasion.

En devisant ainsi, les deux officiers montèrent au premier étage et entrèrent dans une pièce spécialement affectée à leurs repas. — Jeunes, célibataires tous les deux, riches, privés des distractions de Paris

et de Versailles, ils s'ennuyaient fort, et l'idée d'une
rencontre avec une célébrité plus ou moins réelle de
l'escrime leur souriait comme une agréable diversion
à l'uniformité de la vie de province. — Ils étaient
eux-mêmes des virtuoses de la lame et ils avaient eu
l'honneur de croiser le fleuret l'un avec Saint-George
et l'autre avec le chevalier d'Éon. — Mais, en attendant cette distraction, ils songèrent à calmer l'appé-
tit ouvert par la promenade.

Le marquis sonna, un garçon parut.

— Baptiste... servez vite... car je mangerais ma
serviette...

Et remarquant un troisième couvert sur leur
table :

— Pour qui ce couvert?

— Monsieur le marquis, c'est pour M. le chevalier de Malseigne.

— Tiens! tiens! il est donc arrivé?

— Hier soir, par le coche de Strasbourg, à minuit.

— Eh bien, comte, reprit le marquis, l'occasion
est toute trouvée, tu vas voir.

— Ces messieurs veulent-ils attendre? ajouta Baptiste.

— Non, non, servez. Vous auriez dû savoir que

nous seuls pouvons vous donner l'ordre de mettre un troisième couvert.

— Baptiste hésitait encore, lorsque derrière lui parut le personnage qui faisait l'objet de sa préoccupation. M. de Malseigne avait une taille de cinq pieds sept pouces, une apparence musculaire qui dénotait une force herculéenne; il accusait de quarante à quarante-cinq ans.

— Allons, garçon, dit-il d'une voix fortement timbrée, obéissez à ces messieurs.

— Baptiste ne se le fit pas répéter, et dégringola quatre à quatre à la cuisine de l'hôtel.

— Messieurs, je vous salue, ajouta le chevalier en s'adressant au comte et au marquis, et en s'approchant de la table. — Ces derniers rendirent un salut silencieux et froid.

— Messieurs, le temps m'a manqué, dit le chevalier en imitant le comte et le marquis qui s'asseyaient et dépliaient leur serviette.

Il allait continuer et dire : « pour vous faire ma visite », lorsque le marquis de V..., qui était à sa droite, prit le troisième couvert destiné au nouveau venu et le jeta par la fenêtre.

— M. de Malseigne pâlit, ses dents se serrèrent à

craquer, puis faisant un effort sur lui-même, il se leva et sonna.

— Garçon, un autre couvert, et il se rassit.

Le garçon apporta le couvert et le plaça devant le chevalier.

A peine avait-il achevé ce service que le comte, qui était assis à la *gauche*, envoya le second couvert rejoindre le premier.

D'un bond M. de Malseigne fut sur pied, et saisissant de chaque main chacun de ses deux camarades, il les enleva de leurs chaises et les planta devant lui en face l'un de l'autre.

— Je pourrais vous faire suivre à tous deux le chemin que vous avez fait prendre à mon couvert... Mais je n'oublie pas comme vous que je suis gentilhomme.

— Mais nous non plus, chevalier, dit le comte plus promptement remis que le marquis, nous ne l'oublions pas... Palsambleu! vous excuserez la forme en raison du but... Nous voulons connaître avant tout votre force à l'épée, et il sourit de la plus aimable façon en secouant sa cravate froissée par la poigne du chevalier.

— Soit, messieurs, vous allez être satisfaits immé-

diatement et dans l'ordre de la disparition des cou-
verts.

— Je suis le chevalier de Malseigne, et il salua.

— Et moi le marquis de V..., et le marquis salua
profondément.

— Moi, le comte de B..., et, comme son ami, ce
dernier fit un profond salut...

La présentation ainsi faite, on sortit et l'on gagna
le petit verger de l'hôtel situé derrière les bâtiments;
il s'y trouvait une petite allée suffisamment ombreuse
pour protéger contre les regards indiscrets. Arrivés
là, le chevalier et le marquis mirent habit bas et dé-
gainèrent. Le chevalier avait pris comme témoin le
soldat de planton devant l'hôtel.

Les combattants renouvelèrent leur présentation
par le salut des armes et tombèrent en garde en engageant le fer.

Le marquis de V..., nous l'avons dit, était un tireur
émérite, il vit sur-le-champ que la grande taille de
son adversaire mettait ce dernier hors de distance
d'une attaque à fond de pied ferme; il dut se rap-
procher par une marche sur double engagement de
quarte à quarte; il le fit rapidement, avec une rare
précision.

M. de Malseigne se contenta de faire une légère retraite d'une mesure, et de façon à rétablir la première distance, il allongea un peu le bras afin de gagner sur l'épée.

— Vous lâchez pied, monsieur, lui dit le marquis?

— Pardon, monsieur, rompre n'est pas fuir!

Après ce petit colloque autorisé par les mœurs de l'époque entre gentilshommes, le marquis recommença la manœuvre de préparation qu'il avait déjà faite. Mais au moment où se terminait par le tact du fer son nouveau double engagement, le chevalier, tendant vigoureusement le bras, s'empara du faible de l'arme du marquis et lui fournit, en se fendant à fond, un coup droit qui lui traversa la poitrine.

Le marquis tomba, et son ami n'eut que le choix à faire dans le nombre des spectateurs que le bruit de ce duel avait attirés pour le faire transporter à l'hôtel, où un chirurgien fut immédiatement appelé.

Ces premiers et indispensables soins donnés :

— C'est à mon tour de me mettre à vos ordres, dit le comte.

— C'est moi, monsieur, qui, après ce qui vient de se passer, dois me mettre aux vôtres.

— Eh bien! finissons-en sur place.

Ils tombaient en garde, lorsque le maître de l'hôtel accourut et leur cria :

— Messieurs, messieurs, la maréchaussée!

En effet bientôt apparurent les chapeaux lampions de trois soldats de la gendarmerie d'alors.

— Monsieur, dit alors le chevalier en se relevant et saluant, s'il ne vous répugne pas de prendre pour champ clos la chambre que j'occupe à l'hôtel, la maréchaussée ne pourra pas nous y déranger.

— Comment donc, monsieur! refuserais-je l'hospitalité si courtoisement offerte, et qui me permettra de vous payer le coup d'épée que vous avez donné à ce pauvre marquis.

Ils remirent leurs épées au fourreau, et, se prenant bras dessus, bras dessous, ils passèrent tranquillement devant les soldats de police qui les saluèrent.

— Paraît que c'est fini, dit le chef; ils vont déjeuner, rien à faire; allons, demi-tour!

Pendant que la maréchaussée s'en allait, les deux gentilshommes rentrés dans l'hôtel montèrent immédiatement dans la chambre du chevalier. — C'était une petite pièce dont la partie libre laissait à peine l'espace nécessaire à deux combattants pour tirer l'épée sans reculer d'une semelle. — Chacun d'eux, en effet, avait le pied gauche appuyé à une cloison. Aussitôt qu'ils furent tombés en garde, le comte de B..., plus fort encore que son ami, avait observé le jeu très simple de M. de Malseigne. Il s'agissait pour lui de le devancer de vitesse dans une attaque à fond. — Il prit l'engagement de tierce et fit une pression marquée. Le chevalier répondit par une contre-pression un peu trop forte et son adversaire, alors sans hésitation, partit par un dégagement de toute volée dans les armes ligne haute. M. de Malseigne arriva un peu tard à la parade de prime, l'épée du comte l'atteignit sous l'aisselle gauche; l'épée traversa les chairs avec une telle violence que la pointe s'engagea dans la cloison à laquelle le chevalier était adossé. La situation était donc celle-ci : le comte fendu à fond cherchait à retirer son épée ; M. de Malseigne, l'épée en prime, n'avait réussi qu'à détourner la lame en partie ; mais, aussi vivement que son adversaire avait attaqué, il avait riposté par un coup de seconde qu'il accompagna de ces mots :

« Le coup est beau, monsieur ; mais la retraite est difficile. » Sa riposte fut mortelle. Quant au marquis, il survécut, mais après avoir été pendant plusieurs mois entre la vie et la mort.

Ces deux coups d'épée ne furent pas les seuls que donna le chevalier de Malseigne. Mais ils avaient conservé dans sa famille la célébrité légendaire dont il nous a été permis, après le temps écoulé, de nous faire l'écho.

DUCREUX.

Novembre

1 Vendr.	16 Samedi
2 Samedi	
	17 DIM.
3 DIM.	18 Lundi
4 Lundi	19 Mardi
5 Mardi	20 Mercr.
6 Mercr.	21 Jeudi
7 Jeudi	22 Vendr.
8 Vendr.	23 Samedi
9 Samedi	
	24 DIM.
10 DIM.	25 Lundi
11 Lundi	26 Mardi
12 Mardi	27 Mercr.
13 Mercr.	28 Jeudi
14 Jeudi	29 Vendr.
15 Vendr.	30 Samedi

Il faut, en escrime, employer toute sa force à n'en pas mettre.

GRISIER.

La parade est l'action la plus importante de l'escrime, puisqu'elle doit protéger la vie.

LA PERVANCHÈRE.

Dédicace à Villemessant :

Vous m'avez dit un jour que j'avais de l'esprit,
C'est de la fiction et non pas de l'histoire ;
Mais si Villemessant le dit et le redit,
Chacun finira par le croire.

GRISIER, 1858.

X. et Z. se sont battus à outrance. Sept fois les épées ont été réengagées. Enfin ils se serrent la main. Pas étonnant si, après tant de *reprises*, ils se sont trouvés raccommodés.

Celui qui possède une connaissance sérieuse de l'escrime a, par cela même, conscience de sa force et n'est pas tenté d'en abuser.

A. FIERLANTS.

Un jeune pédant à la salle :

— Maître, je voudrais bien un peu apprendre l'escrime du moyen âge.

— Du jeune âge, voulez-vous dire?

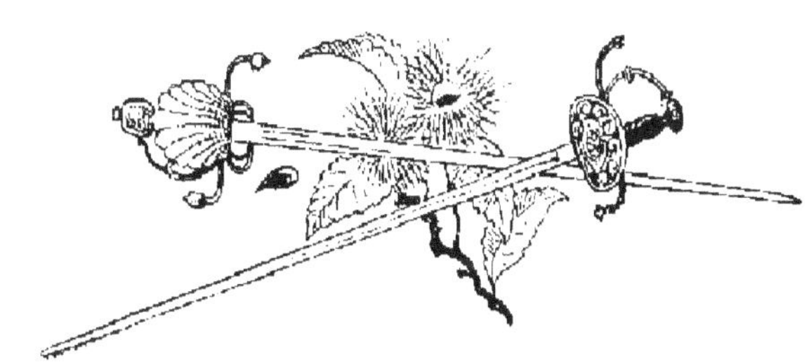

UN DUEL CORSE

En 1867, le 12ᵉ de ligne tenait garnison à Bourges.

Parmi les sous-officiers de ce régiment se trouvaient deux Corses, du canton de Sartène, que divisait depuis leur enfance une de ces vieilles haines de famille telles que l'île où fleurit la vendetta sait en faire éclore.

La situation respective des deux Corses était parfaitement connue de leurs camarades, mais la différence de leur avancement en grade avait jusqu'alors empêché toute rencontre hostile. Ils suivaient assidûment la salle d'armes, évitant de s'y croiser, de s'y regarder même, et on commençait à croire que les deux ennemis achèveraient peut-être leur congé sans querelle, lorsque la promotion à un grade qui fit de l'un l'égal de l'autre coïncida malheureusement avec de graves nouvelles arrivées de l'île natale. Un Gaffori venait de tuer un Santucci et avait demandé au maquis le refuge habituel.

Lorsque le fait parvint à leur connaissance, les deux sous-officiers n'eurent pas de peine à trouver l'occasion d'une insulte et d'une provocation que suivit de près la demande au colonel d'aller sur le terrain.

Dès l'aube, le lendemain, on se rendit au polygone de Bourges avec le maître d'armes du régiment, qui installa témoins et adversaires près d'un hangar servant d'abri, pendant la mauvaise saison, au matériel de tir.

Les préparatifs ne furent pas longs.

Les deux Corses, nus jusqu'à la ceinture, selon l'usage, furent mis en place. Le maître d'armes traça à chacun sur le sol une ligne que les pieds ne devaient pas dépasser dans l'action, leur tendit à bout de bras les épées et prononça le sacramentel : « Allez ! »

Les combattants, nous l'avons dit, étaient deux tireurs exercés en même temps que deux natures énergiques et décidées.

La lutte devait être sérieuse, aussi le maître d'armes, s'armant lui-même d'un solide fleuret, se tint-il prêt à profiter de toutes les circonstances qui l'aideraient à couper le combat ou à empêcher les corps à corps.

Le choc du début l'inquiétait surtout. Qu'allait-il faire pour paralyser la violence des premiers coups ?

Grand fut son étonnement de voir les deux Corses croiser le fer légèrement et engager un assaut avec la tranquillité, la réserve, la confiance même que déploient les bons escrimeurs dans une lutte courtoise de salle d'armes, devant une galerie de connaisseurs. Tous deux se tenaient scrupuleusement dans la distance prescrite qui ne permettait à aucun coup de porter, attaquaient, paraient et ripostaient avec des allures aussi calmes que correctes.

Le maître d'armes stupéfait se demandait ce que

signifiait ce prélude ; il connaissait le courage et l'habileté des deux hommes : ces phrases d'épée dans le vide, ce calme dans le combat, cachaient quelque chose.

Mais la parfaite réciprocité de cette dissimulation le déroutait anxieusement. Il se tint de plus en plus prêt à parer à tout imprévu.

Il allait être bientôt fixé.

Ce premier engagement dura environ cinq minutes, au bout desquelles les deux adversaires rompirent d'eux-mêmes pour prendre du repos.

Peu après ils se remettaient en garde avec la même aisance. Mais, à peine les fers avaient-ils donné en se croisant le signal de l'engagement que, lâchant leurs armes simultanément, les deux hommes portèrent la main à la poche de leur pantalon, et en retirèrent un revolver pour s'ajuster comme des furieux.

Le maître d'armes n'eut que le temps de se lancer en avant sur Santucci, qu'il saisit à bras-le-corps non sans une véhémente imprécation. Gaffori n'osait tirer de peur de tuer le maître d'armes ; profitant de cette hésitation, les témoins se précipitèrent sur lui et le désarmèrent aussitôt.

Tous deux furent conduits en cellule séparément.

L'enquête révéla que les deux Corses s'étaient concertés la veille du duel pour éviter la rencontre sans gravité que la vigilance et les précautions du maître d'armes leur auraient imposée. Ils devaient, après le premier repos, laisser tomber les armes aussitôt l'engagement des fers, saisir le revolver caché et s'ajuster à moins de deux mètres.

Gaffori et Santucci furent cassés de leur grade et envoyés en garnison, l'un à Valenciennes et l'autre à Constantine. Tous deux ont trouvé la mort en 1870 à l'armée du Rhin.

Quant au brave maître d'armes du 12e de ligne dont la présence d'esprit resta assez éveillée pour prévenir un acte de carnage, il fut cité à l'ordre de l'armée à la suite de ce duel. Ce n'est pas sans plaisir que j'ai l'occasion de nommer M. Allin, l'un de mes meilleurs maîtres-adjoints que connaissent et apprécient plusieurs générations d'élèves.

V.

Décembre

Le tout, en escrime comme ailleurs, est de saisir l'occasion. La voir est bien; la prévoir est mieux; la faire naître est la marque du tireur supérieur.

BERTRAND.

On sait de quelle humeur insolente était souvent le célèbre Bertrand.

— Vous êtes en retard, monsieur Bertrand, lui dit un jour un officier au moment où le maître arrivait à la salle d'armes qu'il dirigeait aux gardes du corps.

— C'est bien possible, je ne suis pas à l'heure comme un fiacre.

— Qu'est-ce à dire? fit l'officier furieux. Je vais de ce pas chez le colonel demander votre remplacement.

— Sachez, monsieur, riposte Bertrand blême, qu'avec deux aunes de drap on remplace un officier comme vous, mais qu'on ne remplace pas Bertrand.

Le colonel garda Bertrand, mais l'obligea à faire des excuses.

Dédicace d'un ouvrage envoyé à un ferrailleur : *En témoignage de haute escrime.*

Puisque la mauvaise fortune a fait que mon or devint du fer, la bonne me devait ensuite que mon fer valût de l'or.

San Malato.

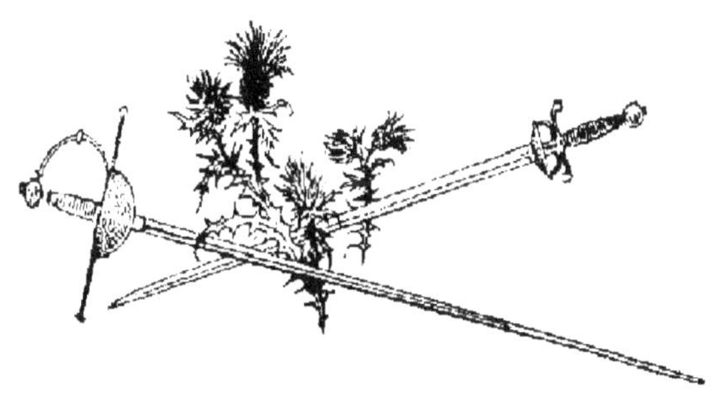

L'ACADÉMIE D'ARMES

La première institution connue en France sous le nom d'« académie » fut celle des maîtres d'armes.

Créée par privilège royal en 1567 et placée sous l'égide du patron mémorable de l'escrime, saint Michel, cette compagnie arriva à son apogée sous Louis XIV, qui confirma les règlements et les statuts établis par ses prédécesseurs et accrut encore ses nombreux privilèges.

L'ancienne Académie d'armes comptait alors vingt
membres dont les six premiers étaient nobles de
droit et décorés des ordres royaux. Seuls ces vingt
membres avaient le droit de mettre pour enseigne, à
la porte de leur salle d'armes, le bras armé d'une
épée qu'en langue héraldique on désigne sous le nom
de *dextrochère*.

Cette société, dont la mission et l'utilité pratique
étaient justement reconnues, décernait, après
épreuves, des diplômes et recevait les maîtres qui
se montraient dignes d'être admis parmi ses
membres. C'était en quelque sorte le Conservatoire
d'une science qui depuis le XVIe siècle est restée
essentiellement française.

Louis XV et Louis XVI montrèrent également
une grande bienveillance à l'Académie d'armes, et
quand arriva la Révolution, notre École n'avait pas
de rivale. Elle disparut au moment de la suppression
des jurandes et des maîtrises.

Et pourtant cette institution répondait à une nécessité réelle. Elle donnait au monde des escrimeurs,

des règles et des garanties, en perpétuant les traditions d'un enseignement méthodique et raisonné et en perfectionnant ses principes.

Elle méritait tout au moins d'être rétablie après la tourmente révolutionnaire sur des bases nouvelles, tout comme bien d'autres corporations qui ont été reconstituées dans un intérêt général.

Or, il s'est écoulé près d'un siècle avant que, nouveau phénix, cette création renaquît de ses cendres.

C'est en 1886 que l'Académie d'armes renaissante a été fondée dans le même but que l'ancienne, mais toute question d'aristocratie et de privilège mise à part, avec le caractère libéral et pratique exigé par les progrès de l'esprit moderne.

Dès la formation de cette société, dont le mérite de l'idée première revient à notre confrère Georges Robert, le Ministre de la guerre en accepta la présidence d'honneur dans une lettre publique, rendant hommage à l'importance de l'escrime au point de vue militaire et de l'éducation virile.

L'objet de la nouvelle Académie d'armes peut se résumer ainsi :

« Créer un centre commun d'étude pour les maîtres et établir de fréquents rapports entre eux.

« Veiller à la dignité de l'enseignement et aider par tous les moyens à la prospérité de l'art des armes. »

Le côté philanthropique saillant de cette fondation consiste dans la création d'une caisse de prévoyance et de secours et l'organisation d'un service médical.

Depuis deux ans que fonctionne l'Académie d'armes, la mort a déjà frappé quelques-uns des ouvriers de la première heure ; son regretté président fondateur, Gatechair, a été enlevé en février 1887.

Ce n'est pas sans un hommage ému que l'on peut se rappeler la figure de ce maître qui était le dernier survivant d'une brillante génération aujourd'hui disparue : celle des Pons, Robert aîné, Berryer et Mimiague.

Ce nom en quelque sorte prédestiné de Gatechair fut on ne peut plus authentique. Il avait été donné à l'aïeul du maître, grenadier pendant les guerres de la Révolution, à la suite d'un combat où il fit des prodiges.

Avant, du reste, d'être célèbre dans la science des armes, Gatechair, à vingt ans, s'était déjà montré le digne descendant du premier de son nom.

Vers 1848, en arrivant comme jeune sous-officier à l'école de cavalerie de Saumur, il avait, dans un duel au sabre, débarrassé le quartier d'un spadassin dangereux auquel, sans le blesser très grièvement, il avait infligé l'humiliation d'une complète mise hors de combat, en lui fendant le bras longitudinalement de l'épaule à la saignée. Ce duel lui avait valu les applaudissements et les sympathies de toute l'école de Saumur, où on en parla longtemps.

*
* *

Une autre perte pour les membres de l'Académie d'armes a été celle de Chazalet, tué dramatiquement l'année dernière d'un coup de revolver dans sa salle d'armes de la Chaussée-d'Antin, par un de ses élèves et ami, un malheureux aliéné qui se suicida ensuite.

*
* *

La troisième mort à déplorer a été celle de Pellerin, enlevé par une bronchite qui le minait depuis longtemps. L'Académie d'armes, dans cette circonstance, a donné la mesure de son esprit de confraternité en aidant, par tous les moyens en son pouvoir, à l'organisation du brillant assaut d'armes donné, le 12 mai 1888, au profit de l'intéressante famille du maître défunt.

Au produit de cet assaut fut joint celui d'une tombola composée d'œuvres d'artistes peintres dont le cœur égale le renom, c'est-à-dire signées : Carolus Duran, Bonnat, Meignan, Benjamin Constant, Cazin, Delort, Duez, Gaston Guignard, Damoye, Roll, Gervex, Vaysson, G. de Dramard et Frédéric Régamey.

Ce dernier nom est celui de l'artiste qui a peint le brevet d'admission adopté à l'unanimité par l'Académie d'armes et représentant les diverses époques et attributs de l'escrime française depuis 1567.

La composition de ce brevet a valu à Frédéric Régamey d'être nommé le peintre de l'Académie d'armes, titre qui revenait d'ailleurs à l'artiste reconnu depuis longtemps déjà pour le peintre de l'escrime. À coup sûr, nul n'est plus capable que lui d'écrire avec un pinceau l'histoire de l'escrime française.

Parmi les traditions qu'a fait revivre l'Académie d'armes, il faut citer celle du banquet de la Saint-Michel qui a eu lieu pour la première fois le 29 janvier 1888 à l'Hôtel Continental. A cette fête de l'épée, qui a été en quelque sorte le baptême de la renaissante institution, il a été donné une première consécration au nouveau *Salut des armes* présenté par le comité et publié peu après par ses soins.

Enfin, on peut dire aujourd'hui que l'Académie d'armes de Paris est entrée dans la période de succès. Comme l'emblématique vaisseau de la ville dont elle porte le nom, sa devise indique l'objectif de ses efforts avec le laconisme d'une sorte de cri de relèvement national : *Ars pro patria.*

VIGEANT.

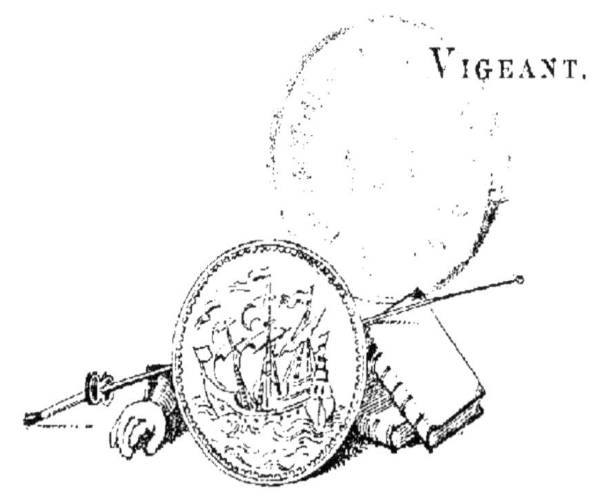

TABLE